戦《たたか》いで読《よ》む

日本《にほん》の歴史《れきし》

1

貴族《きぞく》から武士《ぶし》の世《よ》へ

監修●矢部健太郎　作●そらみつ企画

教育画劇

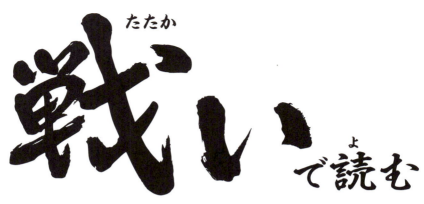

戦《たたか》いで読《よ》む日本《にほん》の歴史《れきし》 1

貴族《きぞく》から武士《ぶし》の世《よ》へ

この本の三つのお話は、史実《しじつ》にもとづく歴史上《れきしじょう》のことがらを基本《きほん》に、フィクションをまじえて読みやすくまとめたものです。

第二話　保元《ほうげん》・平治《へいじ》の乱《らん》

第三話　源平《げんぺい》の戦《たたか》い

移《うつ》り変《か》わる権力《けんりょく》の流れ

数多くの「くに」どうしが争《あらそ》いをくり返していた古代日本。やがて、いくつかのくにが「大王《おおきみ》」という指導者《しどうしゃ》を中心にまとまっていく。「大王《おおきみ》」はのちに「天《てん》皇《のう》」とよばれるようになり、彼《かれ》らの政権《せいけん》は「朝廷《ちょうてい》」となった。天皇《てんのう》と朝廷《ちょうてい》は、数多くの戦《たたか》いをへて、その勢力《せいりょく》を全国に広げていった。

天皇《てんのう》、貴族《きぞく》、武士《ぶし》

朝廷《ちょうてい》の成長《せいちょう》にともなって、天皇《てんのう》の周囲《しゅうい》の人々もまた力をのばす。一見はなやかなくらしの裏《うら》で、はげしい権力争《けんりょくあらそ》いをくり広げる宮廷《きゅうてい》の貴族《きぞく》たち。争《あらそ》いのたえない歴史《れきし》の中で、武力《ぶりょく》を背景《はいけい》にした「武士《ぶし》」たちが権力者《けんりょくしゃ》たちに重んじられ、成長《せいちょう》していくのも必然《ひつぜん》であった。

時代を知ろう！ キーワード解《かい》説《せつ》

天皇《てんのう》

三世紀《せいき》後半～四世紀《せいき》ごろにかけて、いくつかの「くに」がまとまって、近畿地方《きんきちほう》に「ヤマト王権《おうけん》」という強力な政権《せいけん》ができた。そのヤマト王権《おうけん》の指導者《しどうしゃ》「大《おお》王《きみ》」が、のちに天皇《てんのう》になったという。実際《じっさい》に天皇《てんのう》という称号《しょうごう》が使われるようになったのは、七世紀《せいき》後半ごろだといわれる。

朝廷《ちょうてい》

もともと朝廷《ちょうてい》とは、天子《てんし》（天皇《てんのう》）が政治《せいじ》について家《か》臣《しん》にたずね聞く場所のこと。大王《おおきみ》は各地《かくち》の豪族《ごうぞく》を家臣《かしん》として組みこんで勢力《せいりょく》を広げ、朝廷《ちょうてい》の組織《そしき》をととのえていった。五世紀《せいき》ごろには、朝廷《ちょうてい》の支配地《しはいち》は、西は九《きゅう》州《しゅう》地方《ちほう》、東は関東地方《かんとうちほう》北部までおよんだと考えられている。

貴族《きぞく》

八～九世紀《せいき》ごろになると、朝廷《ちょうてい》の役人の中でもとくに位《くらい》の高い人々が、貴族《きぞく》として朝廷《ちょうてい》の政治《せいじ》を動かすようになっていった。一部の有力な貴族《きぞく》は、娘《むすめ》を天皇《てんのう》に嫁《とつ》がせて天皇家《てんのうけ》とのつながりを強めることで、さらに大きな権力《けんりょく》をふるった。しかし、のちに武士《ぶし》の勢力《せいりょく》がましていくと、権力《けんりょく》を失《うしな》っていった。

武士《ぶし》

貴族《きぞく》が都ではなやかなくらしを送っているころ、地方では、日ごろから武芸《ぶげい》に励《はげ》み、戦《たたか》いを仕事とする武《ぶ》士《し》が成長《せいちょう》していた。武士《ぶし》たちは、しだいに集まって「武士団《ぶしだん》」を形成《けいせい》し、朝廷《ちょうてい》や貴族《きぞく》に仕えた。有力な武《ぶ》士団《しだん》は、各地《かくち》の反乱《はんらん》をおさめるなど功績《こうせき》をあげて、やがて、朝廷《ちょうてい》や貴族《きぞく》が無視《むし》できない勢力《せいりょく》に成長《せいちょう》していく。

第一話

大《たい》化《か》の改《かい》新《しん》

～権力《けんりょく》を天皇《てんのう》へ！　中大兄皇子《なかのおおえのおうじ》の挑戦《ちょうせん》～

第一話 大化《たい か》の改新《かい しん》（六四五年）

～権力《けんりょく》を天皇《てんのう》へ！ 中大兄皇子《なかのおおえのおうじ》の挑戦《ちょうせん》～

七世紀《せいき》の日本。天皇家《てんのうけ》や朝廷《ちょうてい》の権威《けんい》を高め、理想的《りそうてき》な政治家《せいじか》といわれた聖徳太子《しょうとくたいし》（厩戸王《うまやどのおう》）の死後、蘇我《そが》氏《し》が権力《けんりょく》をにぎった。次期《じき》天皇《てんのう》の決定を左右するほどの発言力を持つ蘇我《そが》氏《し》には、ときに勝手なふるまいも見られ、内心で反感を持つ人々も多くいた。そのうちの一人が、この物語の主人公、中大兄皇子《なかのおおえのおうじ》であった。

中大兄皇子《なかの おお えの おう じ》

（626～671年）

舒明天皇《じょめいてんのう》と、その皇后《こうごう》にあたる皇極天皇《こうぎょくてんのう》の間に生まれた皇子《おうじ》。もの静《しず》かで、知性的《ちせいてき》な若者《わかもの》。天皇家《てんのうけ》や朝廷《ちょうてい》の先行きに対して、ばくぜんとした不安《ふあん》を感じている。

中臣鎌足《なかとみのかまたり》

(614〜669年)

中大兄皇子《なかのおおえのおうじ》と同じ塾《じゅく》で学ぶ貴族《きぞく》。学問にすぐれているうえに、落ち着きと思慮深《しりょぶか》さもあわせ持ち、将来《しょうらい》を期待されている。蘇我入鹿《そがのいるか》の才能《さいのう》や信念《しんねん》を高く評価《ひょうか》しているが、危険《きけん》だとも感じている。

蘇我入鹿《そがのいるか》

(？〜645年)

蘇我氏《そがし》の貴公子《きこうし》。鎌足《かまたり》に勝るともおとらない秀才《しゅうさい》として知られるが、鎌足《かまたり》とは対照的《たいしょうてき》にはげしい気性《きしょう》の持ちぬし。日本をさらに進んだ国にするために、蘇我氏《そがし》の力をいっそう強めようとしている。

蘇我蝦夷《そがのえみし》 (？〜645年)

蘇我入鹿《そがのいるか》の父。優秀《ゆうしゅう》な息子をたのもしく思う一方で、そのはげしい性格《せいかく》と強引なやり方が、周囲《しゅうい》の反感を買うことを心配《しんぱい》している。

あとつぎ問題

「今日も、決まらなかったそうですよ。」

次期天皇《じきてんのう》を決める話し合いの結果《けっか》を、母からそう聞かされた中大兄皇子《なかのおおえのおうじ》は、そっけなく、

「そうですか。」

とだけ答えた。

「あなたが望《のぞ》ましいけれど、若《わか》すぎるというものが多いそうです。」

「急いで年をとりましょうか？」

「じょうだんを言っている場合ではありません。」

母、皇極天皇《こうぎょくてんのう》から軽くにらまれて、皇子《おうじ》は肩《かた》をすくめた。以前《いぜん》はおっとりとやさしい母親だったのに、女性天皇《じょせいてんのう》となってからの母は、手きびしい。

「次の天皇《てんのう》をだれにするか」ということが決まっていないために、世の中は落ち着かなかった。六四一年、まだ若《わか》かった舒明天皇《じょめいてんのう》が急に亡《な》くなり、あとつぎが決まっていなかったことから、朝廷《ちょうてい》は大さわぎになった。すぐに次の天皇《てんのう》を決めなければいけなかったが、とつぜんの一大事にあたって、政治《せいじ》をあずかる※豪族《ごうぞく》たちはすっかりおじけづいてしまった。

数人の皇子《おうじ》たちが候補《こうほ》にあがったが、だれにも決められず、結局《けっきょく》、天皇《てんのう》のきさきを女帝《じょてい》として即位《そくい》させることにした。それが、皇子《おうじ》の母の皇極天皇《こうぎょくてんのう》である。中つぎとして女性《じょせい》の天皇《てんのう》をたてておいて、時間をかけて次の天皇《てんのう》を検討《けんとう》しよう、という苦しまぎれの策《さく》だった。それから半年たち、候補者《こうほしゃ》は三人にしぼられたが、そこから先の話し合いはいっこうにまとまる気配《けはい》がない。

中大兄皇子《なかのおおえのおうじ》は、その天皇候補者《てんのうこうほしゃ》の一人である。皇子《おうじ》は、亡《な》くなった天皇《てんのう》の子であり、今の皇極天皇《こうぎょくてんのう》の子でもある。血筋《ちすじ》の点からも能力《のうりょく》の点からも、次の天皇《てんのう》にふさわしいと評判《ひょうばん》だったが、まだ十代という若《わか》さであることが問題にされていた。

「山背大兄皇子《やましろのおおえのおうじ》が有力ではないのですか？」

※豪族《ごうぞく》　朝廷内《ちょうていない》の有力な一族。

と、皇子《おうじ》はひとごとのようにたずねた。山背大兄皇子《やましろのおおえのおうじ》は聖徳太子《しょうとくたいし》（厩戸王《うまやどのおう》）の子である。理想《りそう》的《てき》な政治家《せいじか》として人望《じんぼう》を集めた聖徳太子《しょうとくたいし》の死から二十年近くたっていたが、今も、太子《たいし》に対する信頼《しんらい》は大きい。その子であるという理由から、山背大兄皇子《やましろのおおえのおうじ》を支持《しじ》する豪族《ごうぞく》は多かった。

「強く推薦《すいせん》するものがいないのでしょう。蘇我氏《そがし》の顔色をうかがっているのです。こまったこと。」

と、皇極天皇《こうぎょくてんのう》はためいきをついた。

蘇我氏《そがし》は、政治《せいじ》の中心でもっとも力を持っている豪族《ごうぞく》で、一族の長の蘇我蝦夷《そがのえみし》は、大臣《おおおみ》という最高《さいこう》の位《くらい》についていた。蘇我氏《そがし》は、蝦夷《えみし》のおいである古人大兄皇子《ふるひとのおおえのおうじ》を天皇《てんのう》にしたがっているので、蘇我氏《そがし》との対立をおそれるものたちは、天皇候補《てんのうこうほ》としてこの皇子《おうじ》を無視《むし》することができなかった。中大兄皇子《なかのおおえのおうじ》、山背大兄皇子《やましろのおおえのおうじ》、古人大兄皇子《ふるひとのおおえのおうじ》の「だれを」天皇《てんのう》にするかより、「だれが」天皇《てんのう》を決めるかのほうが、重視《じゅうし》されているようなものだった。

中大兄皇子《なかのおおえのおうじ》は、このような次期天皇《じきてんのう》をめぐる状況《じょうきょう》に、わり切れない気持ちをいだいていた。本人や天皇家《てんのうけ》の意向とは別《べつ》のところで勝手に進められる天皇決《てんのうぎ》めに、違和感《いわかん》がある。

父、舒明天皇《じょめいてんのう》が亡《な》くなったときのことを、皇子《おうじ》はわすれることができなかった。とつぜん夫《おっと》を亡《な》くしてなげき悲しんでいた皇后《こうごう》である母のもとに、朝廷《ちょうてい》の代表者たちがおしかけてきて、母を宮廷《きゅうてい》につれ出して、天皇《てんのう》の位《くらい》につかせてしまった。皇子《おうじ》はその成《な》り行きに、怒《いか》りに近いものを感じたが、どうすることもできなかった。

そのとき以来《いらい》、自分たち天皇家《てんのうけ》はあまりに無力《むりょく》だと思い、その無力《むりょく》さにやるせなさを感じていた。

（天皇《てんのう》とは、いったい何だ？）

※聡明《そうめい》な少年は、大きな疑問《ぎもん》に直面することで、急速に青年へと成長《せいちょう》しはじめていた。

それぞれの決意

「父上は、なぜはっきり言わないのですか。言えば、みなしたがいます。だれも反対はできません。」

※**聡明**《そうめい》　ものごとの理解《りかい》が早く、かしこいこと。

蘇我入鹿《そがのいるか》は、父親である蝦夷《えみし》に食ってかかった。先ほどまでおこなわれていた、次期天皇《じきてんのう》を決めるための話し合いで、自分の考えを強く主張《しゅちょう》しなかった父の態度《たいど》をせめているのである。

「みなの意見を聞くことがだいじだ。聖徳太子《しょうとくたいし》の時代もそうだった。」

蝦夷《えみし》の答えに、入鹿《いるか》は反論《はんろん》した。

「聖徳太子《しょうとくたいし》のときも、実際《じっさい》には、われら蘇我《そが》一族が政治《せいじ》を取りまとめていたではありませんか。」

入鹿《いるか》の祖父《そふ》は、聖徳太子《しょうとくたいし》の政治《せいじ》をささえてはたらいた功労者《こうろうしゃ》だったが、その功績《こうせき》は、太子《たいし》の圧倒的《あっとうてき》な存在感《そんざいかん》の前にかすんでしまった。そのことが、入鹿《いるか》には無念《むねん》でならなかった。聖《しょう》徳太子《とくたいし》の死後、蘇我氏《そがし》は政治家《せいじか》として力を強め、今や朝廷《ちょうてい》の最有力者《さいゆうりょくしゃ》となっている。さらに古人大兄皇子《ふるひとのおおえのおうじ》を天皇《てんのう》にできれば、その立場はゆるぎないものになる。この絶好《ぜっこう》の機会《きかい》に、一族の長である蝦夷《えみし》が弱腰《よわごし》なことに、入鹿《いるか》はいらだっていた。蘇我氏《そがし》の力が正当に評価《ひょうか》されてこなかったことに対する不満《ふまん》は、最近《さいきん》では入鹿《いるか》のはげしい野望《やぼう》に変《か》わり、彼《かれ》を燃《も》え立たせていた。

（父上にはまかせておけない。おれが蘇我氏《そがし》の実力を世の中にしめしてみせる。）

入鹿《いるか》は父の顔を見すえながら、心の中でちかった。

蘇我蝦夷《そがのえみし》が、大臣《おおおみ》の印《しるし》である紫《むらさき》の冠《かんむり》を息子の入鹿《いるか》にゆずりわたしたのは、六四三年のことである。次期天皇《じきてんのう》が決まらないまま、二年がすぎたころであった。

大臣《おおおみ》とは、朝廷《ちょうてい》に仕える豪族《ごうぞく》の中でもっとも有力なものが任《にん》じられる役職《やくしょく》である。実際《じっさい》にはほとんど親から子へと受けつがれたが、形式としては朝廷《ちょうてい》から任命《にんめい》されるべきものだった。

それが朝廷《ちょうてい》に無断《むだん》でゆずられたというのだった。この話を聞いた中大兄皇子《なかのおおえのおうじ》は、

（ずいぶんと勝手なまねをする。）

と、まゆをひそめた。最近《さいきん》、蘇我氏《そがし》にはこのようなふるまいが多い。天皇家《てんのうけ》がおこなうべき儀式《ぎしき》を蘇我氏《そがし》がおこなうなど、天皇家《てんのうけ》をないがしろにするような態度《たいど》がめだっていた。

それからまもなく、さらに大きな事件《じけん》がおきて、世の中をおどろかせた。蘇我氏《そがし》が山背大《やましろのおお》

兄皇子《えのおうじ》を襲撃《しゅうげき》したのである。古人大兄皇子《ふるひとのおおえのおうじ》を天皇《てんのう》にするために、対立候補《たいりつこうほ》の皇子《おうじ》を殺害《さつがい》しようとしたのだ。知らせを聞いた中大兄皇子《なかのおおえのおうじ》は、すぐ母である天皇《てんのう》のもとにかけつけた。

「母上、お聞きになりましたか。すぐに蘇我《そが》を討《う》ちましょう。私《わたし》も参《まい》ります。」

勢《いきお》いこむ皇子《おうじ》を、母の皇極天皇《こうぎょくてんのう》はきびしくたしなめた。

「およしなさい。今、蘇我《そが》に対抗《たいこう》すれば、反対に殺《ころ》されてしまいます。」

「それでは、山背大兄皇子《やましろのおおえのおうじ》を見殺《みごろ》しにするのですか？」

「かわいそうだけれど、仕方がありません。」

蘇我氏《そがし》の横暴《おうぼう》に、天皇《てんのう》も朝廷《ちょうてい》もなにもできない。皇子《おうじ》は、くやしさにくちびるをきつくかんだ。

蘇我氏《そがし》に襲撃《しゅうげき》された山背大兄皇子《やましろのおおえのおうじ》は、邸《やしき》を脱出《だっしゅつ》しいったんは身をかくした。しかし、蘇我《そが》氏《し》の圧倒的《あっとうてき》な兵力《へいりょく》に反撃《はんげき》できる力はない。父の聖徳太子《しょうとくたいし》の時代から親しくつきあってきたものたちも、蘇我氏《そがし》におそれをなし、だれも山背大兄皇子《やましろのおおえのおうじ》をかばおうとしなかった。死《し》を覚悟《かくご》した山背大兄皇子《やましろのおおえのおうじ》は、亡《な》き父聖徳太子《しょうとくたいし》が建《た》てた寺へ向かった。たちまち蘇我氏《そがし》の軍勢《ぐんぜい》が寺を取りかこみ、山背大兄皇子《やましろのおおえのおうじ》と妻や子どもたちは、そのまま寺の中で全員自害《じがい》した。こうして聖徳太子《しょうとくたいし》の血を引く一族は、蘇我氏《そがし》によって滅亡《めつぼう》させられたのだった。

この山背大兄皇子《やましろのおおえのおうじ》襲撃《しゅうげき》は、入鹿《いるか》の独断《どくだん》でおこなわれた。蝦夷《えみし》はこれまで、いらだつ入鹿《いるか》を少しでも落ち着かせたいと考えて大臣《おおおみ》の地位《ちい》をゆずり、息子の強引な政治《せいじ》に不安《ふあん》を感じつつもだまって見守っていた。しかし、この襲撃《しゅうげき》を知ったときには、

「ばかもの！」

と、めずらしく大きな声を出した。そして、その後、悲しい顔で、

「これが、いつかお前の身をほろぼすことになるぞ。」

と入鹿《いるか》に告《つ》げた。自分の政治《せいじ》の障害物《しょうがいぶつ》を排除《はいじょ》して満足《まんぞく》していた入鹿《いるか》は、耳を貸《か》さなかった。しかし、蝦夷《えみし》のことばは正しかった。というのも、この襲撃《しゅうげき》によって、中大兄皇子《なかのおおえのおうじ》が蘇我氏《そがし》と戦《たたか》う決意をかためたからである。

この二年間、熱心《ねっしん》に勉強をし、天皇《てんのう》のあり方や政治《せいじ》について深く考えてきた皇子《おうじ》は、今回

の入鹿《いるか》の暴挙《ぼうきょ》を見て、世の中を変《か》えるために戦《たたか》うときが来たと確信《かくしん》したのだった。

「これ以上《いじょう》、ほうってはおけぬ。政治《せいじ》を私物化《しぶつか》する蘇我氏《そがし》をたおし、天皇《てんのう》や朝廷《ちょうてい》が中心になって政治《せいじ》をおこなう世の中を作るのだ!」

皇子《おうじ》の心は、新しい時代を作る情熱《じょうねつ》にわきたっていた。

しかし、一人では戦《たたか》うことができない。蘇我氏《そがし》は強大な一族で、対抗《たいこう》するには、心から信《しん》頼《らい》できるすぐれた同志《どうし》が必要《ひつよう》だった。

皇子《おうじ》にはその同志《どうし》の心あたりがあった。同じ学者の講義《こうぎ》を受けている一人の若者《わかもの》である。ものごとの本質《ほんしつ》を見ぬく力があり、深い考えを持った優秀《ゆうしゅう》な男だった。年は皇子《おうじ》より少し上なだけだが、ひかえめで口数が少なく、いつもふしぎなほど落ち着いている。

その男は、名前を中臣鎌足《なかとみのかまたり》といった。

ある日の講義《こうぎ》からの帰り道、皇子《おうじ》は人目のないのをみはからって鎌足《かまたり》に声をかけた。鎌足《かまたり》は、皇族《こうぞく》から声をかけられたことを意外に思ったようだったが、表情《ひょうじょう》を変《か》えず、ひざをつい

てひかえた。立ち上がっていっしょに歩くようながし、歩き出した皇子《おうじ》は、出しぬけに、

「おまえは、この国の政治《せいじ》をまかせられる優秀《ゆうしゅう》な若者《わかもの》はだれだと思う？」

とたずねた。鎌足《かまたり》は、少し考えてから、

「未熟《みじゅく》な私《わたし》にはわかりかねます。しかし、旻《みん》先生は、とびぬけて優秀《ゆうしゅう》なのは蘇我入鹿《そがのいるか》どのだとおっしゃいました。」

と答えた。旻《みん》は、中国大陸《ちゅうごくたいりく》に留学《りゅうがく》していた学問僧《がくもんそう》で、もっともすぐれた学者と評価《ひょうか》されている人物である。入鹿《いるか》はその旻《みん》の講義《こうぎ》に通って猛勉強《もうべんきょう》をしていて、同じ講義《こうぎ》を受けている鎌足《かまたり》の目にも入鹿《いるか》の優秀《ゆうしゅう》さは際立《きわだ》って見えた。

「そうか。それで、おまえ自身は入鹿《いるか》をどう思う？」

皇子《おうじ》は重ねてたずねた。鎌足《かまたり》はもう一度考えた。そして、

「入鹿《いるか》どのはやはり、すべてにおいてすぐれています。」

と答えたが、その表情にかすかなふくみがあるのを読みとった皇子《おうじ》は、

「しかし？」

とつづけた。鎌足《かまたり》にも、自分に声をかけてきた皇子《おうじ》の真意がわかってきた。最近《さいきん》の入鹿《いるか》が独《どく》裁体制《さいたいせい》を築《きず》きつつあることをあやぶんでいた鎌足《かまたり》は、まよわず本心を口にした。

「危険《きけん》でもあります。信念《しんねん》のために手をよごす覚悟《かくご》が入鹿《いるか》どのにはありません。国のための信《しん》念《ねん》であれば英雄《えいゆう》、しかし自分のための信念《しんねん》であれば、おそろしい存在《そんざい》になるでしょう。」

皇子《おうじ》は立ち止まって鎌足《かまたり》の目を見て、この青年なら自分と同じ理想のために戦《たたか》ってくれると信《しん》じた。皇子《おうじ》は、まっすぐに言った。

「鎌足《かまたり》。おまえに、私《わたし》の命をあずける。力を貸《か》してくれ。」

二人の反乱《はんらん》

中大兄皇子《なかのおおえのおうじ》から決意を打ち明けられた中臣鎌足《なかとみのかまたり》は、その日から皇子《おうじ》の片腕《かたうで》となった。しかし、人目につくところでは、二人は決して行動をともにしなかった。入鹿打倒《いるかだとう》の計画は、だれにも知られずひそかに練《ね》られていった。

二人の標的《ひょうてき》は、入鹿《いるか》ただ一人だった。強大な蘇我一族《そがいちぞく》全体をほろぼそうとすれば、おおぜいの兵《へい》を動かさなければならなかったし、入鹿《いるか》に気づかれずにその準備《じゅんび》をすることは不可能《ふかのう》だった。まず、一族の中心である入鹿《いるか》をたおせば、その後に蘇我氏《そがし》全体を解体《かいたい》するのはむずかしくないと考えたのである。

しかし、入鹿《いるか》一人をおそうのも決してかんたんではなかった。

「入鹿《いるか》の警護《けいご》は厳重《げんじゅう》です。」

いつものように、夜の闇《やみ》にまぎれて皇子《おうじ》の邸《やしき》にやってきた鎌足《かまたり》が、声をひそめて報告《ほうこく》する。

「邸《やしき》の門には夜も昼も武器《ぶき》を持った門番が数人いて、しのびこむことはできません。邸《やしき》には、武器庫《ぶきこ》もあります。入鹿《いるか》は邸《やしき》の中でも、外出のときも、つねにおおぜいの兵士《へいし》にまわりをかこませています。近寄《ちかよ》ることはおろか、姿《すがた》を見ることもかんたんではありません。」

「天皇《てんのう》の警護《けいご》より厳重《げんじゅう》なくらいではないか。」

皇子《おうじ》はあきれた。鎌足《かまたり》はうなずいてつづける。

「用心深く、すきがありません。自分をおそう可能性《かのうせい》のある相手がいれば、その動向をひそ

かにさぐり、先手を打って攻撃《こうげき》することもあります。われわれも、決してかんづかれないよう、気をつけなければなりません。」

皇子《おうじ》は考えこんだ。

「それほど用心しているなら、こちらの味方の人数をふやすのも危険《きけん》だな。」

「おっしゃる通りです。最小限《さいしょうげん》の人数におさえないと、かんづかれてしまうでしょう。」

いつ、どのように、だれを味方にして、入鹿《いるか》をおそうか。二人は、計画を立てては、失敗《しっぱい》しそうな点を見つけ修正《しゅうせい》するということを、何度も何度もくり返した。

そうしている間に、二年ほどがすぎていった。

六四五年、朝鮮半島《ちょうせんはんとう》からの使者が、日本の朝廷《ちょうてい》への貢物《みつぎもの》を持ってやってくる、という知らせが届《とど》いた。他国からの正式な使者をむかえるためには、盛大《せいだい》な行事をおこなう必要《ひつよう》がある。準備《じゅんび》のために、朝廷《ちょうてい》はにわかにあわただしくなった。当分、入鹿襲撃《いるかしゅうげき》どころではない、と皇《おう》子《じ》はがっかりした。ところが、鎌足《かまたり》は、

「この機会《きかい》を利用《りよう》しましょう。」

と思いがけないことを言い出した。

「朝鮮《ちょうせん》からの使者が天皇《てんのう》にあいさつをする儀式《ぎしき》の場で、入鹿《いるか》をおそうのです。」

さすがの皇子《おうじ》もとっさに返事ができないほど、この案《あん》は大胆《だいたん》だった。儀式《ぎしき》は天皇《てんのう》と朝鮮《ちょうせん》からの使者のほか、朝廷《ちょうてい》のおおぜいの豪族《ごうぞく》が参列《さんれつ》する公式のもので、国の名誉《めいよ》をかけておこなわれるおごそかな式典《しきてん》である。暗殺《あんさつ》にこれほど不向《ふむ》きな状況《じょうきょう》もないと言ってよかった。

「天皇《てんのう》や朝鮮半島《ちょうせんはんとう》からの使者たちの目の前で、大臣《おおおみ》を暗殺《あんさつ》するというのか。そんなことが、できると思うか。」

「だれもできるとは思わないでしょう。警戒《けいかい》もしない。だからこそできるのです。」

冷静《れいせい》な鎌足《かまたり》の表情《ひょうじょう》を見ていると、皇子《おうじ》のおどろきも静《しず》まった。そして、この案《あん》なら、うまく入鹿《いるか》の警備《けいび》を遠ざけて、少人数で入鹿《いるか》をおそえることに気づいた。

(やれる。)

皇子《おうじ》の胸《むね》が高鳴った。

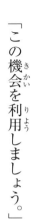

「使者がやって来るのは夏だ。すぐに準備《じゅんび》をはじめよう。必《かなら》ず間に合わせるぞ。」

二人の密談《みつだん》は、今までにもまして、ひんぱんになっていった。

朝鮮半島《ちょうせんはんとう》からの使者をむかえる準備《じゅんび》は順調《じゅんちょう》に進んでいた。会場の宮殿《きゅうでん》は整備《せいび》され、儀式《ぎしき》の進行も決まっていく。並行《へいこう》して、皇子《おうじ》と鎌足《かまたり》の入鹿《いるか》暗殺計画《あんさつけいかく》もひそかに進んでいた。儀式《ぎしき》の計画に変更《へんこう》があれば、それを反映《はんえい》して、暗殺計画《あんさつけいかく》も変更《へんこう》した。おおぜいの目撃者《もくげきしゃ》の中でおこなう、失敗《しっぱい》のゆるされない、一回勝負の作戦《さくせん》である。どんなに小さなほころびも命取りだった。

皇子《おうじ》と鎌足《かまたり》は、暗殺計画《あんさつけいかく》に協力者《きょうりょくしゃ》を加《くわ》えた。一人は蘇我《そが》の一族である石川麻呂《いしかわまろ》という男である。蘇我氏《そがし》を計画に参加《さんか》させることについて、二人はずいぶん議論《ぎろん》を重ねた。

「蘇我氏《そがし》をかかわらせるのは危険《きけん》すぎる。入鹿《いるか》に密告《みっこく》されたら一巻《いっかん》の終わりだ。」

「少人数でこの暗殺《あんさつ》を成《な》しとげる以上《いじょう》、入鹿《いるか》の死後に蘇我一族《そがいちぞく》の反撃《はんげき》をおさえてくれる蘇我《そが》氏《し》の協力者《きょうりょくしゃ》が必要《ひつよう》です。年配《ねんぱい》の石川麻呂《いしかわまろ》は、若《わか》い入鹿《いるか》の強引なやり方に不満《ふまん》を持っています。

一族の中でも発言力がありますから、適任《てきにん》です。決して私《わたし》たちをうらぎれないように手を打ちます。」

鎌足《かまたり》は、たくみな交渉《こうしょう》で、石川麻呂《いしかわまろ》を味方に引き入れることに成功《せいこう》した。さらに、襲撃者《しゅうげきしゃ》として、長年、皇子《おうじ》の護衛《ごえい》をつとめてきた、子麻呂《こまろ》、網田《あみた》の二人を加《くわ》えた。ともに皇子《おうじ》に忠《ちゅう》実《じつ》に仕える、剣《けん》の達人《たつじん》である。入鹿《いるか》の襲撃《しゅうげき》は、このわずか五人で実行されようとしていた。

暗殺《あんさつ》の段取《だんど》りを全員に知らせたのは、決行のわずか四日前だった。宮廷《きゅうてい》での行事に乗じて実行すると聞かされてことばを失《うしな》う三人のようすに、皇子《おうじ》は不安《ふあん》をおぼえたが、もう引き返すことはできない。鎌足《かまたり》とたんねんに練《ね》り上げた計画の一部始終と、それぞれの役割《やくわり》を説明《せつめい》した。

「石川麻呂《いしかわまろ》は、儀式中《ぎしきちゅう》、使者の文を読み上げる役目を朝廷《ちょうてい》からおおせつかっているな。指示《しじ》された通りに読み上げるだけでよい。それを襲撃《しゅうげき》の合図にする。ただし、なにか異変《いへん》に気づいたら、読み上げる前に鎌足《かまたり》に合図をするのだ。鎌足《かまたり》は参列者《さんれつしゃ》の中にいる。よいな。」

石川麻呂《いしかわまろ》は青い顔をして冷《ひ》や汗《あせ》を流しながら、うなずいた。

「子麻呂《こまろ》、網田《あみた》。お前たちは、私《わたし》といっしょに参列者《さんれつしゃ》のうしろにかくれているのだ。石川麻《いしかわま》呂《ろ》が文を読み上げはじめたら、すぐに飛《と》び出していって、入鹿《いるか》を斬《き》れ。心配《しんぱい》はいらない。入《いる》鹿《か》の剣《けん》は取り上げておくし、入鹿《いるか》の護衛《ごえい》のものは会場には入れないようにする。参列者《さんれつしゃ》や宮《きゅう》廷《てい》の警備《けいび》のものたちの動きは、私《わたし》と鎌足《かまたり》で食いとめる。お前たちの腕《うで》なら、討《う》ち損《そん》じることはなかろう。」

「はっ。」

二人はさすがに武人《ぶじん》で、勇気《ゆうき》をふりしぼって皇子《おうじ》に答えた。

「入鹿《いるか》を討《う》ち取ったら、私《わたし》がその場で天皇《てんのう》に経緯《けいい》をご説明《せつめい》する。天皇《てんのう》の了解《りょうかい》さえ得《え》られればだれもわれわれに手出しはできなくなる。しかし、万が一失敗《しっぱい》すれば、弁解《べんかい》もできずに殺《ころ》されてしまうだろう。生きるためには、成功《せいこう》させるしかない。覚悟《かくご》してかかれ。」

むし暑い夜だというのに、五人の背中《せなか》には冷《つめ》たい緊張《きんちょう》が走っていた。

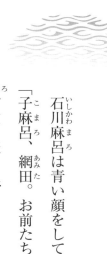

襲撃《しゅうげき》当日。血なまぐさい事件《じけん》がおこることなど知らず、儀式《ぎしき》のために正装《せいそう》した参列者《さんれつしゃ》たちがぞくぞくと宮殿《きゅうでん》に集まってきた。朝鮮《ちょうせん》からの使者も到着《とうちゃく》して、控《ひか》えの間に通されていた。

儀式《ぎしき》の開始直前に到着《とうちゃく》した入鹿《いるか》がゆったりと席《せき》につくと、すぐに天皇《てんのう》がお出ましになった。皇子《おうじ》と鎌足《かまたり》は、宮殿《きゅうでん》の警備《けいび》のものに、儀式中《ぎしきちゅう》は門を封鎖《ふうさ》せよと指示《しじ》をしてまわった。入鹿《いるか》の護衛《ごえい》のものが中に入ってこられないようにという用心である。そして、打ちあわせた通り、鎌足《かまたり》は参列者《さんれつしゃ》にまじってならび、皇子《おうじ》は子麻呂《こまろ》と網田《あみた》をともなって、参列者《さんれつしゃ》のうしろにひそんだ。やがて儀式《ぎしき》がはじまった。

儀式《ぎしき》はとどこおりなく進行して、石川麻呂《いしかわまろ》がよび出された。いよいよ朝鮮《ちょうせん》からもたらされた文の読み上げがはじまる。石川麻呂《いしかわまろ》は、文を広げながらそっと会場のようすをうかがった。とくに異変《いへん》は感じられない。息をすいこんで文を読み上げはじめたが、読み進めてもだれも飛《と》び出して来ないので、石川麻呂《いしかわまろ》は不安《ふあん》をおさえられず、とりみだしはじめた。

（どうした？　失敗《しっぱい》したのか？　わ、私《わたし》はどうなるのだ！）

しだいに手も声もふるえ出し、ついにその動揺《どうよう》を入鹿《いるか》に気づかれてしまった。入鹿《いるか》は、異《い》様《よう》な雰囲気《ふんいき》を感じて、とっさに会場を見まわした。

そのとき、皇子《おうじ》は、緊張《きんちょう》のあまり飛《と》び出すきっかけを失《うしな》ってしまった子麻呂《こまろ》と網田《あみた》の背中《せなか》をおして、参列者《さんれつしゃ》のうしろで立ち上がったところだった。入鹿《いるか》は、武器《ぶき》を手に引きつった顔をしている二人の武人《ぶじん》と、そのうしろにいる皇子《おうじ》をめざとく見つけ、自分を殺《ころ》しに来たのだと察《さっ》して、三人をにらみつけた。すると、子麻呂《こまろ》と網田《あみた》は、しばられでもしたように動けなくなってしまった。二人のうしろに立つ皇子《おうじ》も、入鹿《いるか》の全身から立ちのぼる、目に見えない炎《ほのお》のようなはげしい気迫《きはく》を感じた。立ち向かうどころか、身動きすらままならないほどのすさまじい気迫《きはく》である。皇子《おうじ》も入鹿《いるか》にのまれかけていた。そのとき、

「皇子《おうじ》。」

と、静《しず》かな声がした。鎌足《かまたり》の声である。声の方を見ると、いつものように落ち着いた表情《ひょうじょう》の鎌足《かまたり》がいた。その表情《ひょうじょう》は、二人が同志《どうし》となった日のことを思い出させた。鎌足《かまたり》はあのとき、

「信念《しんねん》のために手をよごす覚悟《かくご》が入鹿《いるか》どのにはありません。」

と言った。皇子《おうじ》は、

（私《わたし》にもその覚悟《かくご》があるか。）

と自問《じもん》した。

（ある！）

皇子《おうじ》の体をしばっていたなにかが消えた。

「子麻呂《こまろ》、網田《あみた》、私《わたし》につづけ！」

皇子《おうじ》は、剣《けん》をぬきはなって参列者《さんれつしゃ》の中をつっきり、入鹿《いるか》の前におどり出た。そして、入鹿《いるか》の前に立ちはだかり、入鹿《いるか》の目を見すえた。よく考えると、入鹿《いるか》の顔を正面からまともに見るのははじめてだった。燃《も》えるような目をしているのだと、このとき知った。これを、鎌足《かまたり》は「覚悟《かくご》」と評《ひょう》したのだろう。英雄《えいゆう》にもなれた男。それを殺《ころ》して新しい国作りをするのが、自分の覚悟《かくご》だと皇子《おうじ》は思った。

「やあっ！」

皇子《おうじ》は、するどい声とともに入鹿《いるか》の肩先《かたさき》からななめに剣《けん》をふりおろした。武器《ぶき》を持たない入鹿《いるか》は抵抗《ていこう》できない。そのままのけぞってたおれ、皇子《おうじ》のあとにつづいた子麻呂《こまろ》、網田《あみた》の剣《けん》によって全身を斬《き》られ、おびただしく血を流した。

宮殿《きゅうでん》の床《ゆか》にたおれて意識《いしき》がじょじょに遠のいていく入鹿《いるか》の目に、「これが、いつかお前の身をほろぼすことになるぞ」と言ったときの父、蝦夷《えみし》の悲しげな顔が浮《う》かんだ。

（父上の言った通りか……。）

しかし、こうしてたおされるのは、自分が強いからだとも思った。蘇我《そが》の強さがみとめられたからこそ、こうしてたおされることになったのだと、思いたかった。

（おれは、蘇我《そが》の実力を世の中にみとめさせたのだろうか。）

それをたしかめる時間が自分にのこっていないことを、入鹿《いるか》は無念《むねん》に思った。

入鹿《いるか》に一太刀《ひとたち》あびせた皇子《おうじ》は、すぐ母である天皇《てんのう》の前にひざをついて、声をはり上げた。

「申し上げます。蘇我入鹿《そがのいるか》に謀反《※むほん》の計画があったため、処罰《しょばつ》いたしました。」

それを受けて、鎌足《かまたり》が両手に剣《けん》を持って参列者《さんれっしゃ》たちの前に立ちふさがり、

「入鹿《いるか》に味方するもの、共犯《きょうはん》と見なす。」

※**謀反**《むほん》　天皇《てんのう》や君主などにそむくこと。

と、低《ひく》い声をひびかせた。そう言われて入鹿《いるか》を助けられるものはいなかった。

「なんということ……。」

天皇《てんのう》が声をふるわせて席《せき》を立ち、宮殿《きゅうでん》の奥《おく》へ入って行った。

入鹿《いるか》の死は、すぐに父、蝦夷《えみし》に知らされた。蝦夷《えみし》は、入鹿《いるか》自身の野心がついに入鹿《いるか》を食い殺《ころ》したのだと、うなだれた。こんなに早く、まだなにも成《な》しとげないうちに死なせるにはおしい、すぐれた息子だった。自分たちの力をみとめさせたいと切望《せつぼう》していた入鹿《いるか》に、そう言ってやればよかったと思ったが、なにもかも手おくれだった。

中大兄皇子《なかのおおえのおうじ》への反撃《はんげき》を持ちかけてくるものもいたが、蝦夷《えみし》にはもう戦《たたか》う気力などのこっていなかった。息子を死なせ、一族を没落《ぼつらく》させることになった自分にできることは、なにもないと思った。使用人たちを外に出して、邸《やしき》に火をつけると、自分はその中にのこった。

皇子《おうじ》は、入鹿《いるか》を討《う》ったあと、蘇我《そが》氏《し》の反撃《はんげき》をおさえるため、蝦夷《えみし》の邸《やしき》の近くの寺に兵《へい》を集めて戦《いくさ》のそなえをしていたが、蝦夷《えみし》の邸《やしき》から火の手が上がるのを見て、自分の反乱《はんらん》が成功《せいこう》したことを知った。

（終わった。そして、はじまるのだ！）

蘇我邸《そがてい》から立ちのぼる大きな炎《ほのお》を見つめる皇子《おうじ》のそばに、鎌足《かまたり》がだまってひかえていた。

新しい時代

皇極天皇《こうぎょくてんのう》は、儀式《ぎしき》の真っ最中《さいちゅう》に息子が人を斬《き》るという思いもよらない事態《じたい》に、一時、心労《しんろう》で寝《ね》こんでしまった。体をおこせるようになるとすぐ中大兄皇子《なかのおおえのおうじ》をよびつけ、口をひらくなり言いはなった。

「私《わたし》は退位《たいい》します。あなたが即位《そくい》しなさい。」

「母上、こまります。まだ、当分は母上が天皇《てんのう》でいてくださらなければ。」

「こまることはないでしょう。あなたは、もう私《わたし》に無断《むだん》で大それた仕事ができるのですから。」

皇子《おうじ》が命がけの反乱《はんらん》をおこすという重大事を事前に聞かされていなかったことに、皇極天《こうぎょくてん》皇《のう》は母親としてひどく腹《はら》を立てていた。大革命《だいかくめい》を成《な》しとげた皇子《おうじ》も、母の怒《いか》りの前ではかたなしである。こまりはてて鎌足《かまたり》をよんだ。

「皇子《おうじ》の即位《そくい》はまだ早いでしょう。」

鎌足《かまたり》は、天皇《てんのう》の前でもものおじせず、落ち着きはらって言った。

「皇子《おうじ》がすぐに即位《そくい》すれば、天皇位《てんのうい》をねらった反乱《はんらん》だったと思われます。それはさけなければなりません。どうしても退位《たいい》を望《のぞ》まれるなら、別《べつ》の方に即位《そくい》していただきましょう。」

さっそく、朝廷《ちょうてい》のおもだったものが集められて、天皇退位《てんのうたいい》の意向が伝《つた》えられ、あとつぎが検討《けんとう》された。候補《こうほ》だった山背大兄皇子《やましろのおおえのおうじ》はすでに亡《な》くなっており、中大兄皇子《なかのおおえのおうじ》も若《わか》さを理由に辞退《じたい》を申し出た。のこる古人大兄皇子《ふるひとのおおえのおうじ》は、うしろだてだった蝦夷《えみし》、入鹿《いるか》の失脚《しっきゃく》を目《ま》の当たりにして、自分の命もあやういとおびえていたので、即位《そくい》の意向をたずねられると、

「そ、即位《そくい》など、とんでもない。私《わたし》は天皇《てんのう》になどなりたくないのだ。」

とふるえあがり、寺へ逃《に》げこんでそのまま僧《そう》になってしまった。

結局《けっきょく》、皇極天皇《こうぎょくてんのう》の弟が即位《そくい》することになり、中大兄皇子《なかのおおえのおうじ》はその次の天皇《てんのう》と決まった。皇子《おうじ》

は、おじである天皇《てんのう》を補佐《ほさ》して政治《せいじ》にかかわることになった。

天皇《てんのう》の交代を機《き》に、天皇《てんのう》ごとの時代をあらわす年号をつけることになった。この時代につけられた年号は「大化《たいか》」である。この時代には大きな改革《かいかく》がおこなわれ、その中心をになったのが、中大兄皇子《なかのおおえのおうじ》と中臣鎌足《なかとみのかまたり》だった。

二人は、まず人事のしくみを変《か》えた。蘇我氏《そがし》が独占《どくせん》してきた大臣《おおおみ》という地位《ちい》を廃止《はいし》し、左《さ》大臣《だいじん》・右大臣《うだいじん》の二人の大臣《だいじん》をおくことにして、独裁《どくさい》をふせげるようにした。その下に内臣《うちつおみ》という役職《やくしょく》を設《もう》けて、二人の大臣《だいじん》を助けながら政治《せいじ》をおこなうことにした。この内臣《うちつおみ》には鎌足《かまたり》が就任《しゅうにん》した。

また、新しい政治《せいじ》を作るために、中国《ちゅうごく》の政治事情《せいじじじょう》にくわしい学者を「国博士《くにのはかせ》」という役職《やくしょく》につけて、意見を問うことにした。この国博士《くにのはかせ》になったのが、鎌足《かまたり》の学問の師《し》、旻《みん》である。

皇子《おうじ》は、国博士就任《くにのはかせしゅうにん》を引き受けてくれた旻《みん》にあいさつをしたときに、

「やむを得《え》ず、優秀《ゆうしゅう》な男を死なせました。あなたのお力ぞえが必要《ひつよう》です。」

と言った。鎌足《かまたり》から、旻《みん》が入鹿《いるか》を高く評価《ひょうか》していると聞いたのを、おぼえていたからである。

すると、旻《みん》はにこやかに、

「もう一人がのこって、おそばにおりますから、ご心配にはおよびませんが。」

と言った。皇子《おうじ》は、首をかしげた。

「もう一人？」

「ええ。私《わたし》は、鎌足《かまたり》どのをのぞけば、入鹿《いるか》どのがすぐれている、と申しました。」

（そんな話は、聞いていないぞ。）

皇子《おうじ》が、うしろにひかえている鎌足《かまたり》をふり返ると、鎌足《かまたり》はなに食わぬ顔ですましていた。

皇子《おうじ》と鎌足《かまたり》は新しい体制《たいせい》のもと、改革《かいかく》の一歩をふみ出した。めざすのは、天皇《てんのう》を中心に、さまざまな意見を取り入れながら、国をまとめる政治《せいじ》だった。そのような国作りに適《てき》した方法《ほう》はどのようなものか。朝鮮半島《ちょうせんはんとう》や中国大陸《ちゅうごくたいりく》の政治《せいじ》のしくみなども参考《さんこう》にして、議論《ぎろん》をつみ重ね、新しい政治《せいじ》の方針《ほうしん》を作り上げていった。

年末《ねんまつ》に都の移転《いてん》がおこなわれ、翌年《よくねん》の元日、新しい都で「改新《かいしん》の詔《みことのり》」とよばれるこれからの政治《せいじ》の方針《ほうしん》が発表された。この方針《ほうしん》は、国を一つにまとめるため、土地や国民《こくみん》を、すべて国のものとして管理《かんり》する、というものだった。土地を私有《しゆう》することで財産《ざいさん》をたくわえていた多くの豪族《ごうぞく》からは不満《ふまん》の声があがった。また、国中の田や畑の大きさを調べ、すべての国《こく》民《みん》の戸籍《こせき》を作るという、大がかりな事業が必要《ひつよう》となるため、そのようなことが実現《じつげん》できるのかと心配するものもいた。

しかし、皇子《おうじ》はあとへ引こうとはせず、若々《わかわか》しい情熱《じょうねつ》で国の理想の姿《すがた》を語りつづけた。その皇子《おうじ》のうしろにひかえた鎌足《かまたり》は、すぐれた知恵《ちえ》をもって、つねに皇子《おうじ》をささえた。国博士《くにのはかせ》の旻《みん》は、その二人の姿《すがた》に、

（まことによい組み合わせ。）

と目を細めた。二人の青年のえがき出す新しい国の姿《すがた》に、しだいに朝廷《ちょうてい》の人々もひきつけられていった。改革《かいかく》は、少しずつだが確実《かくじつ》に、前進しはじめていた。

新しい都は海に近く、船の交通が発達《はったつ》していた。皇子《おうじ》は、皇太子《こうたいし》という立場の身軽さから、

船を使って積極的《せっきょくてき》に地方に視察《しさつ》に出かけて、改革《かいかく》をおし進めていた。

今日も皇子《おうじ》は船の上である。船はよい風を受けて進んでいた。大きな雲を美しくそめる夕《ゆう》焼《や》けをながめている皇子《おうじ》の顔は、ほんのりと日に焼《や》けている。いつものようにそばにひかえている鎌足《かまたり》に、皇子《おうじ》は話しかけた。

「鎌足《かまたり》。この国は小さいと思っていたが、そんなことはないな。まとめあげるのにどれくらいかかると思う。」

「順調《じゅんちょう》に行って二十年はかかるでしょう。もっとかもしれません。」

「私《わたし》たちの一生をかける仕事ということだな。」

「そうです。こわくなりましたか。」

皇子《おうじ》は鎌足《かまたり》をふり返り、快活《かいかつ》に言った。

「この国は、山も海も空も美しく、人々はみなはたらきもので懸命《けんめい》に生きている。すばらしい国だ。この国のためなら、私《わたし》は命のかぎりはたらける。心配するな。」

鎌足《かまたり》は、皇子《おうじ》のことばにめずらしく笑顔《えがお》を見せた。

「それでは、私《わたし》はあなたのために命のかぎりはたらきましょう。」

船の速度が一段《いちだん》とました。力強い追い風がふいていた。


それから二十年あまりあとの六六八年、中大兄皇子《なかのおおえのおうじ》は天皇《てんのう》に即位《そくい》し、天智天皇《てんじてんのう》となった。このとき、四十二歳《さい》であった。新しい国作りはほぼ完成《かんせい》し、理想の国の形が実現《じつげん》されつつあった。その間に、さまざまな困難《こんなん》があった。国内の反乱《はんらん》、海外への出兵《しゅっぺい》。そのつど、鎌足《かまたり》とともに国をひきいて乗りきって、新しい国作りのために力をつくしてきた。

その片腕《かたうで》である鎌足《かまたり》の体調が思わしくなく、即位《そくい》したばかりの天皇《てんのう》の気がかりの種《たね》となっていた。

翌年《よくねん》の秋、鎌足《かまたり》はいよいよ危険《きけん》な状態《じょうたい》だという。天智天皇《てんじてんのう》は、鎌足《かまたり》の最期《さいご》に立ち会いたいと強く望《のぞ》んだが、天皇《てんのう》という立場上、ゆるされなかった。そこで、鎌足《かまたり》とともに定めた身分《みぶん》制度《せいど》のうち、もっとも高い位《くらい》を病床《びょうしょう》の鎌足《かまたり》にさずけ、さらにこれまでの功績《こうせき》にこたえるため「藤原《ふじわら》」という姓《せい》をあたえることに決めると、それを伝《つた》える文をしたためて、急いで鎌足《かまたり》に届《とど》けさせた。

天皇《てんのう》からの文をかすむ目で読んだ鎌足《かまたり》は、読み終わった文をていねいにたたみおさめ、胸《むね》の上においた。そして、かすかな笑《え》みを浮《う》かべて息をひきとった。

天智天皇《てんじてんのう》もその二年後に亡《な》くなった。「大化《たいか》の改新《かいしん》」とよばれることになる天智天皇《てんじてんのう》と鎌《かま》足《たり》による改革《かいかく》の成果《せいか》が本格的《ほんかくてき》に花ひらくのは、その少しあとのことである。天皇《てんのう》を中心とする朝廷《ちょうてい》が国を統治《とうち》するしくみがととのい、それからは安定した朝廷政治《ちょうていせいじ》の時代が長くつづく。そして、国の力がたくわえられ、日本独自《どくじ》の豊《ゆた》かな文化がはぐくまれるのである。

古代日本の戦《たたか》い

中大兄皇子《なかのおおえのおうじ》らによる大化《たいか》の改新《かいしん》のあとも、日本全体に大きな影響《えいきょう》をもたらすさまざまな戦《たたか》いがおこった。どんな戦《たたか》いだったのか、見てみよう。

海外に大軍《たいぐん》を派遣《はけん》

中大兄皇子《なかのおおえのおうじ》が大化《たいか》の改新《かいしん》を進めていたころ、海をへだてた大陸《たいりく》でも、大きな動きがあった。大国の唐《とう》（現在《げんざい》の中国《ちゅうごく》）と朝鮮半島《ちょうせんはんとう》の新羅《しらぎ》の連合軍《れんごうぐん》が、日本の友好国《ゆうこうこく》の百済《くだら》を攻《せ》めほろぼしたのだ。百済《くだら》を救援《きゅうえん》するため、日本は朝鮮半島《ちょうせんはんとう》への出兵《しゅっぺい》を決意した。

六六三年 白村江《はくすきのえ》の戦《たたか》い

六六〇年にほろぼされた百済《くだら》だが、生きのこりの王族や武将《ぶしょう》たちが、復興《ふっこう》に向けた活動を展開《てんかい》。中大兄皇子《なかのおおえのおうじ》は、それを手助けするために約《やく》二万七千の軍隊《ぐんたい》を送り出した。

朝鮮半島《ちょうせんはんとう》西岸の白村江《はくすきのえ》で両軍《りょうぐん》はぶつかり合うが、この海戦《かいせん》で、日本軍《にほんぐん》はさんざんにやぶれてしまう。百済《くだら》は完全《かんぜん》にほろび、日本の朝鮮進出《ちょうせんしんしゅつ》への道もたたれた。

白村江《はくすきのえ》の戦《たたか》いでの、それぞれの軍《ぐん》の進路

天皇《てんのう》の座《ざ》をめぐって

白村江《はくすきのえ》の戦《たたか》いの敗北後《はいぼくご》、中大兄皇子《なかのおおえのおうじ》は即位《そくい》して天智天皇《てんじてんのう》となったが、数年で死去した。後継者《こうけいしゃ》として名があがったのは、天智天皇《てんじてんのう》の子の大友皇子《おおとものおうじ》と、天智天皇《てんじてんのう》の弟の大海人皇子《おおあまのおうじ》。この二人の間でおきた天皇《てんのう》の座《ざ》をめぐる争《あらそ》いが、朝廷《ちょうてい》全体をまきこんだ大規模《だいきぼ》な戦《たたか》いに発展《はってん》する。六七二年におきたこの戦いを、「壬申《じんしん》の乱《らん》」とよぶ。

皇子《おうじ》たちの関係《かんけい》

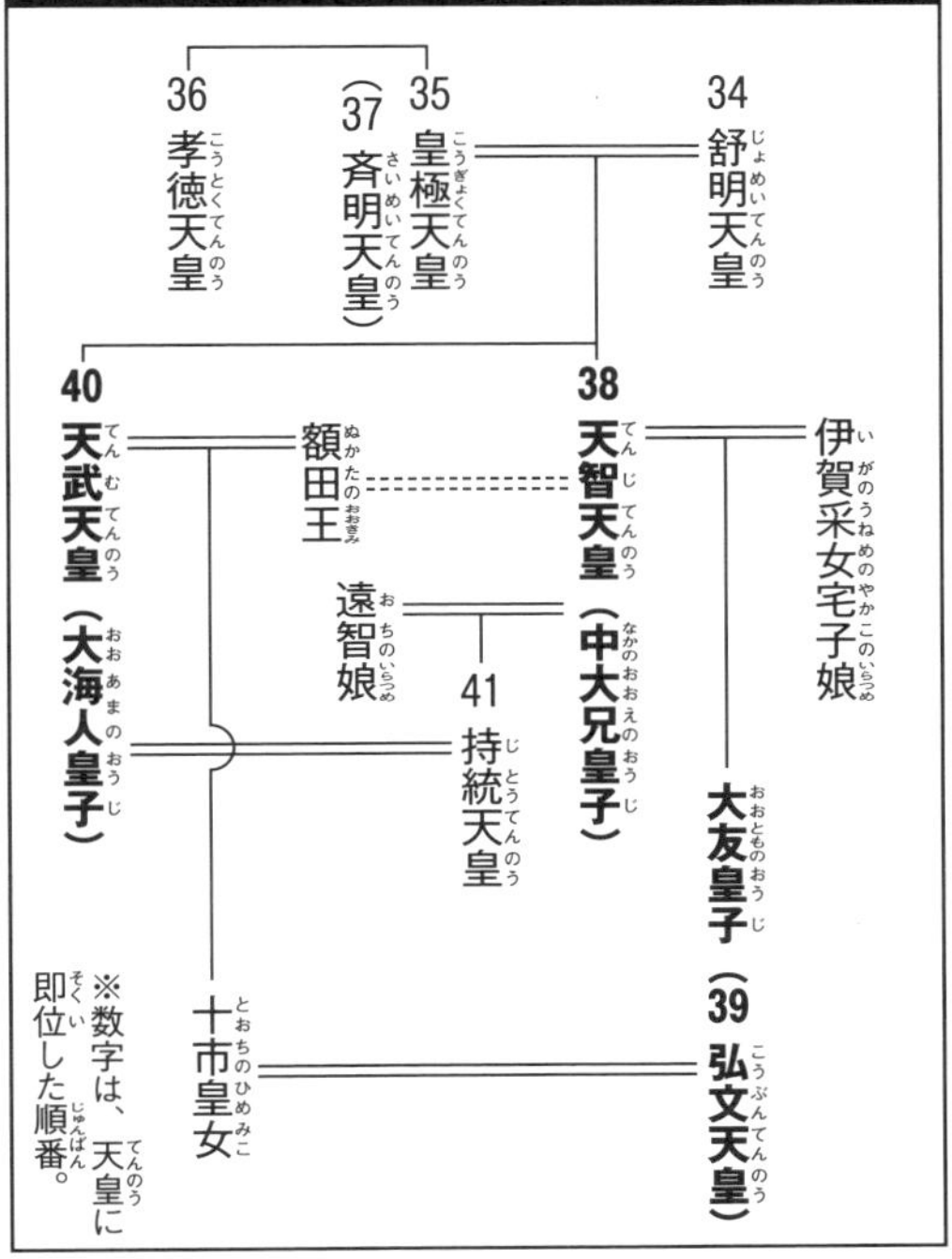

六七二年 壬申《じんしん》の乱《らん》

国立国会図書館蔵

大海人皇子《おおあまのおうじ》（天武天皇《てんむてんのう》）
（？～686年）

大友皇子《おおとものおうじ》
（648～672年）

大友皇子《おおとものおうじ》を天皇《てんのう》にしたいと思っていた天智天皇《てんじてんのう》に、天皇《てんのう》の座《ざ》をねらっているとうたがわれた大海人皇子《おおあまのおうじ》は、危険《きけん》をさけるために出家。奈良《なら》の吉野《よしの》にこもっていたが、天智天皇《てんじてんのう》が亡《な》くなると、兵《へい》をあげることを決意する。

大海人皇子《おおあまのおうじ》はすばやく軍《ぐん》を進め、周辺《しゅうへん》の豪族《ごうぞく》の多くを味方につけることに成功《せいこう》する。追いこまれた大友皇子《おおとものおうじ》は、戦《たたか》いにやぶれて自害《じがい》した。大海人皇子《おおあまのおうじ》は翌年《よくねん》に即位《そくい》し、天武天皇《てんむてんのう》となった。

今にのこる
戦《たたか》いの記《き》録《ろく》と記《き》憶《おく》 古《こ》代《だい》編《へん》

大化《たいか》の改新《かいしん》の時代の日本について、理解《りかい》が深まる資料館《しりょうかん》や、ゆかりの場所を紹介《しょうかい》。実際《じっさい》に見に行ってみよう。

飛鳥資料館《あすかしりょうかん》

中大兄皇子《なかのおおえのおうじ》らの時代に都がおかれた、飛鳥《あすか》の歴史と文化を紹介《しょうかい》する資《し》料館《りょうかん》。大化《たいか》の改新《かいしん》にかかわった蘇我《そが》倉山田石川麻呂《くらのやまだいしかわまろ》が建《た》てた山田寺《やまだでら》の一部が、ほぼそのままの形で展示《てんじ》されている。

地中から発掘《はっくつ》された山田寺《やまだでら》の東回廊部分《ひがしかいろうぶぶん》。

〒634-0102 奈良県高市郡明日香村奥山601
電話：0744-54-3561

飛鳥寺《あすかでら》

蘇我入鹿《そがのいるか》の祖父《そふ》にあたる蘇我馬子《そがのうまこ》が建《た》てたと伝《つた》えられる、日本最初《さいしょ》の本格的《ほんかくてき》な仏教寺院《ぶっきょうじいん》。元興寺《がんごうじ》、法興寺《ほうこうじ》などともよばれる。中大兄皇子《なかのおおえのおうじ》と中《なか》臣鎌足《とみのかまたり》が出会った場所でもある。

談山神社《たんざんじんじゃ》

藤原《ふじわらの》（中臣《なかとみの》）鎌足《かまたり》をまつった神社。中大兄皇子《なかのおおえのおうじ》と鎌足《かまたり》が大化《たいか》の改新《かいしん》の話し合い（談合《だんごう》）をおこなったことから、この山を「談山《たんざん》」とよぶようになった。

藤原鎌足《ふじわらのかまたり》の木像《もくぞう》。

〒633-0032 奈良県桜井市多武峰319
電話：0744-49-0001

飛鳥寺《あすかでら》の本堂《ほんどう》。

〒634-0103 奈良県高市郡明日香村大字飛鳥682
電話：0744-54-2126

第二話

保元《ほうげん》・平治《へいじ》の乱《らん》

～新たな時代の主役 武士《ぶし》たちの戦《たたか》い～

第二話 保《ほう》元《げん》・平《へい》治《じ》の乱《らん》（一一五六年・一一五九年）

～新たな時代の主役 武《ぶ》士《し》たちの戦《たたか》い～

平安《へいあん》時代《じだい》後期。かつて天皇《てんのう》や貴族《きぞく》の護衛役《ごえいやく》にすぎなかった「武士《ぶし》」が、朝廷内《ちょうていない》の争《あらそ》いの行方《ゆくえ》を左右するまでに成長《せいちょう》していた。そんなとき、後白《ごしら》河天皇《かわてんのう》と崇徳上皇《すとくじょうこう》の間に権力《けんりょく》争《あらそ》いがおきた。それぞれの側《がわ》に、「源氏《げんじ》」や「平氏《へいし》」の武《ぶ》士《し》たちの姿《すがた》があった。親子、兄弟がそれぞれ分かれて戦《たたか》う「保元《ほうげん》の乱《らん》」の幕《まく》があがろうとしていた！

平清盛《たいらのきよもり》（1118～1181年）

武家《ぶけ》の名門《めいもん》、平氏武士団《へいしぶしだん》のリーダー。すぐれた判《はん》断力《だんりょく》と現実的《げんじつてき》な視点《してん》をあわせ持ち、朝廷内《ちょうていない》で順調《じゅんちょう》に出世している。

■保元《ほうげん》の乱《らん》での敵対関係《てきたいかんけい》

	上皇方《じょうこうがた》		天皇方《てんのうがた》
天皇家《てんのうけ》	崇徳上皇《すとくじょうこう》（兄）	vs	後白河天皇《ごしらかわてんのう》（弟）
藤原氏《ふじわらし》	藤原頼長《ふじわらのよりなが》（弟）	vs	藤原忠通《ふじわらのただみち》（兄）
平氏《へいし》	平忠正《たいらのただまさ》（おじ）	vs	平清盛《たいらのきよもり》（おい）
源氏《げんじ》	源為義《みなもとのためよし》（父） 源為朝《みなもとのためとも》（弟）	vs	源義朝《みなもとのよしとも》（子、兄）

源《みなもとの》義《よし》朝《とも》（1123～1160年）

平氏《へいし》と肩《かた》をならべる名門、源氏《げんじ》の有力武将《ゆうりょくぶしょう》の一人。ライバル視《し》する清盛《きよもり》にくらべて出世がおそいことにあせりを感じている。

源《みなもとの》義《よし》平《ひら》（1141～1160年）

義朝《よしとも》の長男。小さいころからあばれんぼうで、「悪源太《あくげんた》（あらあらしい源氏《げんじ》の長男）」とよばれた。すでに父のもと、勇猛《ゆうもう》な武将《ぶしょう》として名をあげている。

源《みなもとの》為《ため》朝《とも》（1139～1170？年）

義朝《よしとも》の実の弟で、「天下一の弓の使い手」と名高い源氏《げんじ》の若武者《わかむしゃ》。保元《ほうげん》の乱《らん》では義朝《よしとも》と敵《てき》味方《みかた》に分かれて戦《たたか》うことになった。

夜明けの戦《たたか》い

夏の短い夜が明けようとしている。うっすらと白みはじめた空の下で、おもおもしい装備《そうび》に身をかためたおおぜいの兵《へい》たちが、ある邸《やしき》をぎっしりとかこんでいた。

軍《ぐん》をひきいる大将《たいしょう》が二人いる。一人は馬に乗り、軍勢《ぐんぜい》を勇気《ゆうき》づけるように隊列《たいれつ》の前を行き来している。もう一人は隊列《たいれつ》の最前列《さいぜんれつ》に立ち、暗がりの中で邸《やしき》の影《かげ》をじっと見定めようとしている。

馬に乗った大将《たいしょう》の方が、もう一人の大将《たいしょう》のところにかけ寄《よ》り、馬に乗ったまま声をかけた。

「清盛《きよもり》どの。この門はおまかせします。敵《てき》は死にものぐるいで反撃《はんげき》してくるでしょう。わが弟、為朝《ためとも》などは真っ先に出てきて戦《たたか》うにちがいありません。為朝《ためとも》は日《ひ》の本《もと》一の弓の使い手。決して油断《ゆだん》なさいますな。」

清盛《きよもり》とよばれた大将《たいしょう》は、目だけを馬上に向けて、

「心得《こころえ》た。」

と短く答えた。

「私《わたし》はあちらの門を攻《せ》めます。おたがい、つらい戦《たたか》いになりますが、力をつくしましょう。」

そう言って、また馬をかけ出させた大将《たいしょう》は、全軍《ぜんぐん》の中央にもどった。そして、刀をすらりとぬいてふり上げ、兵《へい》たちの意識《いしき》を集中させると、

「矢を射《い》かけよ！」

と、さけんだ。それに応《おう》じて、兵《へい》たちは、

「おうっ！」

と大声をあげながら、手に手に弓をかまえ、矢をはなった。静寂《せいじゃく》をやぶったとつぜんの兵《へい》の声と、雨のようにふりかかってきた矢に、邸《やしき》の中からは騒然《そうぜん》とした気配が伝《つた》わってくる。

夜明け前の不意討《ふいう》ちで、戦《たたか》いははじまった。

馬に乗った大将《たいしょう》は、源義朝《みなもとのよしとも》。もう一人の大将《たいしょう》は、平清盛《たいらのきよもり》。武家《ぶけ》の名門として知られる源《げん》

氏《じ》と平氏《へいし》の、中心的《ちゅうしんてき》な存在《そんざい》となっている武士《ぶし》である。源氏《げんじ》と平氏《へいし》はもともとは競争相手《きょうそうあいて》だが、この戦《いくさ》では、義朝《よしとも》と清盛《きよもり》は味方としてともに戦《たたか》っていた。一方、敵《てき》の中にも、それぞれ源氏《げんじ》のもの、平氏《へいし》のものがおり、義朝《よしとも》も清盛《きよもり》も同族と戦《たたか》わなければならなかった。義朝《よしとも》が「つらい戦《たたか》い」と言ったのは、同族が敵味方《てきみかた》に入りみだれての戦《たたか》いだからだった。

軍勢《ぐんぜい》はいくつかに分かれてそれぞれ別々《べつべつ》の門を攻《せ》めていたが、少したつと、清盛軍《きよもりぐん》が攻《せ》める門の内から、一人の若武者《わかむしゃ》が姿《すがた》をあらわして、大声でさけんだ。

「私《わたし》は源為朝《みなもとのためとも》である。私《わたし》の弓に射《い》られる価値《かち》のある侍《さむらい》はここにはおるまい。そこにいるのは平清盛《たいらのきよもり》か。お前など、私《わたし》の敵《てき》ではないぞ！」

義朝《よしとも》の弟の為朝《ためとも》だった。兄が予想した通り、真っ先に飛《と》び出してきたのだ。敵《てき》の軍勢《ぐんぜい》を前に少しもひるまず、自慢《じまん》の弓をかかげ持ち、われんばかりの大声で挑発《ちょうはつ》してくる。大将《たいしょう》を侮《ぶ》辱《じょく》されて腹《はら》を立てた清盛《きよもり》の兵《へい》が、為朝《ためとも》をねらって矢を射《い》かけたが、一本もあたらない。

「こんな矢では私《わたし》はたおせぬぞ。弓矢とはこのようにはなつのだ。よく見ておけ。」

為朝《ためとも》はそう言って、ぎりぎりと弓を引くと、一本の矢をはなった、その矢は、うなりをあ

げて飛《と》び、清盛《きよもり》のすぐ横にいた兵《へい》をつき通し、そのうしろにいたものまでつらぬいた。為朝《ためとも》のおそろしい弓矢の力に、清盛《きよもり》のひきいる軍《ぐん》はどよめいた。清盛《きよもり》は、これを見るとすぐに、

「引け。」

と指示《しじ》をくだした。すると、清盛《きよもり》の長男の重盛《しげもり》が馬でかけ出してきて、

「敵《てき》をおそれて引くなど、武士《ぶし》の恥《はじ》。私《わたし》を為朝《ためとも》と戦《たたか》わせてください！」

と、今にも飛《と》び出して行きそうな勢《いきお》いで言う。しかし、清盛《きよもり》はゆるさず、

「為朝《ためとも》は手に負えぬ。むきになっていどんでむだ死にするな。引くのだ。」

と重盛《しげもり》を下がらせると、軍《ぐん》をひきいて別《べつ》の門へ向かった。

為朝《ためとも》が一人で清盛軍《きよもりぐん》を撤退《てったい》させたという知らせを聞いた義朝《よしとも》は、清盛《きよもり》とは逆《ぎゃく》に、

「為朝《ためとも》は弓の腕《うで》はみごとだが、おおぜいでかこんで組み合えば勝ち目がある。おそれずにかかれ！」

と兵《へい》をはげまして、為朝《ためとも》のいる門に突入《とつにゅう》させた。次々に攻《せ》めてくる敵《てき》を相手に、為朝《ためとも》は火のようにはげしく戦《たたか》い、大乱闘《だいらんとう》がくり広げられた。義朝《よしとも》も馬で乗りこみ、馬の上に立ち上がる

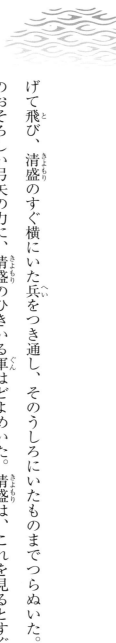

ようにして大声で兵《へい》を指揮《しき》していたが、為朝《ためとも》と目が合うと、

「為朝《ためとも》、兄弟に弓を向けるつもりか。おとなしく降参《こうさん》せよ！」

と、さけんだ。それを聞いた為朝《ためとも》は、

「兄上、それはおたがいさまです。そちらこそ、降参《こうさん》されよ！」

とさけび返す。勝ち気な弟の為朝《ためとも》は一歩も引こうとはせず、その活躍《かつやく》に勇気《ゆうき》づけられて為朝《ためとも》の兵《へい》たちもたくましく戦《たたか》ったので、義朝軍《よしともぐん》も苦戦《くせん》し、決着はなかなかつかなかった。


いつのまにか夜はすっかり明けて、あたりは明るくなっていた。死者、負傷者《ふしょうしゃ》がふえつづけており、のこった兵《へい》たちも疲《つか》れはじめている。義朝《よしとも》と清盛《きよもり》の軍《ぐん》は、最後《さいご》の手段《しゅだん》としてついに邸《やしき》に火をはなった。邸《やしき》からはたちまち大きな炎《ほのお》があがり、やがて、立てこもっていたものたちが門から次々に飛《と》び出してきた。その中には、源氏《げんじ》のものも平氏《へいし》のものもいたが、抵抗《ていこう》するものはすべてその場で殺《ころ》され、降参《こうさん》したものはとらえられた。兵《へい》を突破《とっぱ》して逃《に》げるものもいたが、すぐにおおぜいの追っ手がかけられた。

邸《やしき》が燃《も》え落ちるころ、義朝《よしとも》が清盛《きよもり》のところにやってきた。戦《いくさ》の前のような高ぶりは見えず、馬に乗る姿《すがた》も肩《かた》を落としているように見えた。兵《へい》にまじってみずからも戦《たたか》ったために、よろいやかぶとには傷《きず》がつき、馬も土によごれていた。

「われらの勝利《しょうり》です。」

そう言う義朝《よしとも》の顔にも声にもよろこびはなく、しずんでいる。

「勝ってもうれしくない戦《いくさ》です。身内と戦《たたか》うのは、身を切られる思いですね。」

清盛《きよもり》は、なみだをこらえている義朝《よしとも》を見上げた。清盛《きよもり》には、

(うれしくなくても、負けるよりはましだ。)

という冷静《れいせい》な気持ちがあり、義朝《よしとも》のつらさにはそれほど共感《きょうかん》できなかったが、

「まったくです。」

と返事をした。

邸《やしき》のあちこちはまだくすぶっており、あたりにはけむりが充満《じゅうまん》している。その中を馬の手《た》綱《づな》をさばいて自軍《じぐん》の方へもどっていく義朝《よしとも》のうしろ姿《すがた》を見送ると、清盛《きよもり》は自分の軍勢《ぐんぜい》に引き

あげを命じた。

朝廷《ちょうてい》の権力争《けんりょくあらそ》い

のちに「保元《ほうげん》の乱《らん》」とよばれるこの戦《いくさ》は、朝廷《ちょうてい》の複雑《ふくざつ》な権力争《けんりょくあらそ》いからはじまった。後白河《ごしらかわ》天皇《てんのう》と、天皇《てんのう》を引退《いんたい》してからも政治《せいじ》にかかわろうとする崇徳上皇《すとくじょうこう》の間に対立があり、そこに、貴族《きぞく》の藤原《ふじわら》一族内の権力争《けんりょくあらそ》いが重なって、深刻《しんこく》な分裂状態《ぶんれつじょうたい》になっていた。その対立に武力《ぶりょく》で決着をつけようと、天皇《てんのう》、上皇《じょうこう》のそれぞれが武家《ぶけ》を引きこんで戦《いくさ》になった。このとき、注目され、たよりにされたのが、武家《ぶけ》の名門、源氏《げんじ》と平氏《へいし》である。

それまで、武家《ぶけ》が都で政治《せいじ》に深くかかわることはなかった。源氏《げんじ》は、東国で藤原《ふじわら》一族の領《りょう》地《ち》を守ることで、藤原氏《ふじわらし》の信頼《しんらい》を得《え》て力をつけた。一方の平氏《へいし》は、西国で皇族《こうぞく》の領地《りょうち》の警備《けいび》や護衛《ごえい》などを引き受けて発展《はってん》した。清盛《きよもり》の父などは、これまで武家《ぶけ》が立ち入ることができなかった皇居《こうきょ》への参上《さんじょう》をゆるされるまでの人物となった。しかし、貴族《きぞく》たちからは「武家《ぶけ》の分《ぶん》際《ざい》でなまいきだ」といやがらせをされたほど、武家《ぶけ》の存在《そんざい》は軽《かろ》んじられていた。その武家《ぶけ》が、朝廷《ちょうてい》の権力争《けんりょくあらそ》いにまきこまれることによって、政治《せいじ》の中心に深く入りこむ機会《きかい》を得《え》たのである。

絶好《ぜっこう》の機会《きかい》ではあったが、危機《きき》でもあった。源氏《げんじ》では、義朝《よしとも》は後白河天皇側《ごしらかわてんのうがわ》に、その父や弟は崇徳上皇側《すとくじょうこうがわ》につき、平氏《へいし》でも、清盛《きよもり》は後白河天皇側《ごしらかわてんのうがわ》に、おじなどは崇徳上皇側《すとくじょうこうがわ》についた。源氏《げんじ》も平氏《へいし》も、内部分裂《ないぶぶんれつ》し、同族どうしで戦《たたか》ったのである。

義朝《よしとも》と清盛《きよもり》が攻《せ》めたのは、崇徳上皇《すとくじょうこう》の邸《やしき》だった。火をはなたれた邸《やしき》からかろうじて脱出《だっしゅつ》した崇徳上皇《すとくじょうこう》は、後日とらえられて、※讃岐《さぬき》に流罪《るざい》となった。崇徳上皇《すとくじょうこう》に味方した貴族《きぞく》や武士《ぶし》たちの多くは戦《いくさ》で死に、生きのこったものは処刑《しょけい》された。義朝《よしとも》は、戦《いくさ》で手がらを立てた自分のほうびを返上するので、そのかわりに身内である源氏《げんじ》のものを助けてほしいと後白河天皇《ごしらかわてんのう》に願《ねが》い出たが、聞き届《とど》けられず、父や親せきを、みずから処刑《しょけい》しなければならなかった。弓矢の腕前《うでまえ》をおしまれて命は助けられた弟の為朝《ためとも》も、島流しとなった。清盛《きよもり》も、おじをはじめ、

※**讃岐《さぬき》**　現在《げんざい》の香川県《かがわけん》。

多くの平氏武士《へいしぶし》の処刑《しょけい》を命じられた。

その後、後白河天皇《ごしらかわてんのう》は引退《いんたい》して上皇《じょうこう》となったが、政治《せいじ》への影響力《えいきょうりょく》をたもちつづけた。その上皇《じょうこう》に取りいって政治《せいじ》を自分の思い通りにしようとする貴族《きぞく》どうしの競争《きょうそう》が生まれ、新たな争《あらそ》いの火種《ひだね》となっていた。人が入れかわっただけで、政治《せいじ》のありようはもとのままだった。

このような戦《いくさ》のあとの成《な》りゆきにも、清盛《きよもり》はそれほど心をみだされなかった。

「まあ、結局《けっきょく》こんなものだろう。」

清盛《きよもり》は、政治《せいじ》や権力者《けんりょくしゃ》というのは、それほどきれいなものではないと、わりきっている。そのような態度《たいど》が気に入られたのか、清盛《きよもり》自身も平氏《へいし》一族も、後白河上皇《ごしらかわじょうこう》からたよりにされて出世し、当面の不満《ふまん》はなかった。

一方の義朝《よしとも》は落胆《らくたん》していた。いよいよ武家《ぶけ》の力が必要《ひつよう》とされる時代が来たと胸《むね》をふくらませ、たいせつな親族を死なせてまでこの戦《いくさ》につくしたのに、源氏《げんじ》の待遇《たいぐう》はあまり改善《かいぜん》されず、世の中も少しもよくなりそうにない。

「なにも変《か》わらないではないか。父上たちの死はむだになってしまった。」

そのような不満《ふまん》をかぎつけて、義朝《よしとも》に近づいてくるものがいた。

また次の戦《いくさ》がはじまろうとしていた。

義朝《よしとも》の反乱《はんらん》

「義朝《よしとも》どのは清盛《きよもり》どののようなめざましいご昇進《しょうしん》もなくて、お気の毒《どく》ですねえ。」

ある日、後白河上皇《ごしらかわじょうこう》の側近《そっきん》の一人である藤原信頼《ふじわらののぶより》という男が、義朝《よしとも》に耳打ちしてきた。義朝《よしとも》は、蛇《へび》のようにすり寄《よ》ってきた信頼《のぶより》に嫌悪感《けんおかん》を持ったが、信頼《のぶより》の言ったことは、義朝《よしとも》の中でもやもやとわだかまっている不満《ふまん》だったので、つい、はねつけそびれてしまった。

保元《ほうげん》の乱《らん》から三年たち、清盛《きよもり》と義朝《よしとも》の間には、だれの目にも明らかな勢力《せいりょく》の差《さ》ができていた。清盛《きよもり》は、上皇《じょうこう》となった後白河《ごしらかわ》のお気に入りの武士《ぶし》として出世して、朝廷《ちょうてい》で貴族《きぞく》の仲間入《なかまい》りをしていた。一方の義朝《よしとも》は、清盛《きよもり》の息子たちと同じ程度《ていど》の身分にとどまっている。清盛《きよもり》と義朝《よしとも》の立場の差《さ》は、そのまま平氏《へいし》と源氏《げんじ》の勢力《せいりょく》の差《さ》であり、今や源氏《げんじ》は平氏《へいし》に圧倒《あっとう》されてしまっていた。

藤原信頼《ふじわらののぶより》は、義朝《よしとも》にまとわりつくようにささやきつづけた。

「ここだけの話ですが、上皇《じょうこう》にお仕えするあるものが、清盛《きよもり》どのだけをだいじにするように、上皇《じょうこう》に入れ知恵《ぢえ》しているのですよ。武家《ぶけ》が協力《きょうりょく》するとこわい存在《そんざい》ですから、平氏《へいし》と源氏《げんじ》が対立するように、わざと義朝《よしとも》どのにつらい思いをさせているのです。ひどい話ですねえ。」

「……そのようなことをたくらむのは、どなたですか。」

「こんなところで、軽率《けいそつ》には申せません。だれが聞いているかわかりませんからね。今夜、私《わたし》の邸《やしき》へおいでください。くわしくお話ししましょう。」

義朝《よしとも》は、信頼《のぶより》のさそいに乗ってしまった。

信頼《のぶより》は、邸《やしき》に自分の仲間《なかま》をよび集めており、後白河上皇《ごしらかわじょうこう》をあやつっているのは側近《そっきん》の藤原《ふじわらの》信西《しんぜい》で、信西《しんぜい》をたおせば源氏《げんじ》の待遇《たいぐう》を改善《かいぜん》できると、ことばたくみに義朝《よしとも》を自分たちの仲間《なかま》に引き入れた。

「お父上や弟ぎみを手にかけてまであなたが忠誠《ちゅうせい》をつくしたことを、上皇《じょうこう》もわすれてはおられません。上皇《じょうこう》をそそのかしている信西《しんぜい》さえいなくなれば、私《わたし》たちが上皇《じょうこう》にあなたの功績《こうせき》をあらためて評価《ひょうか》してくださるようお話しします。源氏《げんじ》は武家《ぶけ》の名門としての名誉《めいよ》を取りもどすことができます。」

父や弟の犠牲《ぎせい》、源氏《げんじ》の名誉《めいよ》。義朝《よしとも》は心の中にわだかまっていたところをつかれて、藤原信頼《ふじわらののぶより》の話に引きこまれていった。

「悪者を取りのぞくためには、今の時代、武家《ぶけ》の力が必要《ひつよう》です。あなたこそ、この仕事にふさわしい。武力《ぶりょく》で世の中を正して、源氏《げんじ》もあなた自身も、当然《とうぜん》手にするべき名誉《めいよ》を手にするのです。」

武家《ぶけ》に生まれたものとして、世のために手がらを立てて一族を栄《さか》えさせたいという、理屈《りくつ》をこえた欲求《よっきゅう》が、義朝《よしとも》の体の中でわきあがってきた。

「清盛《きよもり》が熊野《くまの》に行くといううわさをご存《ぞん》じでしょう。」

清盛《きよもり》が家族とともに※熊野神社《くまのじんじゃ》にお参《まい》りに出かけるということは、少し前から都のうわさに

※熊野神社《くまのじんじゃ》　紀伊《きい》（現在《げんざい》の和歌山《わかやま》県《けん》）にある神社。

なっていた。そんなことまでが話題になるほど、平氏《へいし》の存在《そんざい》は大きくなっていた。

「この機会《きかい》を逃《のが》す手はありません。上皇《じょうこう》や信西《しんぜい》の護衛《ごえい》を取りしきる清盛《きよもり》がいなければ、警備《けいび》にすきができます。そのときをねらって、信西《しんぜい》をおそうのです。清盛《きよもり》の出立《しゅったつ》はまもなくです。」

急すぎる話ではあったが、たしかにこれ以上《いじょう》の機会《きかい》は望《のぞ》めなかった。義朝《よしとも》は夢《ゆめ》か現実《げんじつ》かよくわからないような気持ちのまま、この反乱計画《はんらんけいかく》にまきこまれてしまった。清盛《きよもり》が熊野《くまの》に出発するまでのわずか数日の間に、襲撃《しゅうげき》の手はずは大急ぎでととのえられた。

計画は、上皇《じょうこう》の邸《やしき》にいる信西《しんぜい》を暗殺《あんさつ》し、同時に上皇《じょうこう》を反乱軍側《はんらんぐんがわ》で保護《ほご》するというものだった。上皇《じょうこう》の邸《やしき》が寝静《ねしず》まったころ、義朝《よしとも》は、兵《へい》をひきいて邸《やしき》にしのび寄《よ》って取りかこみ、

「なによりも早く上皇《じょうこう》を見つけよ。見つけしだい、慎重《しんちょう》にお守りし、※御所《ごしょ》にお送り申しあげるのだ。」

と兵《へい》たちに言いふくめると、邸《やしき》に火をつけさせた。炎《ほのお》に気がついて混乱《こんらん》した邸《やしき》からは、人々が逃《に》げ出してくる。その中から見つけだされた上皇《じょうこう》は、すぐに丁重《ていちょう》に護衛《ごえい》され、御所《ごしょ》に送ら

※御所《ごしょ》　天皇《てんのう》や上皇《じょうこう》の住まい。

れた。その他のものは信西《しんぜい》の家族や親族かもしれないので、みなとらえられ、抵抗《ていこう》すればようしゃなく殺《ころ》された。かんじんの信西《しんぜい》は、事前に襲撃《しゅうげき》の気配を察《さっ》して邸《やしき》から脱出《だっしゅつ》し、行方《ゆくえ》をくらましていた。しかし、数日後、山の中で自殺《じさつ》しているのが発見された。

藤原信頼《ふじわらののぶより》は、上皇《じょうこう》が旧勢力《きゅうせいりょく》の生きのこりと接触《せっしょく》できないようにきびしく監視《かんし》しつつ、自分が中心におさまって政治《せいじ》をはじめた。こうして後白河上皇《ごしらかわじょうこう》のもとで、信西《しんぜい》から信頼《のぶより》へと、政《せい》権交代《けんこうたい》がおこなわれ、義朝《よしとも》も源氏《げんじ》の一族も、約束《やくそく》通りそろって昇進《しょうしん》した。

「勝ったのだ。」

義朝《よしとも》は、反乱《はんらん》が成功《せいこう》したことに一応《いちおう》の満足《まんぞく》を感じたが、気になるのは清盛《きよもり》のことだった。まもなく熊野《くまの》からもどってくる清盛《きよもり》が、上皇《じょうこう》の旧勢力派《きゅうせいりょくは》として反撃《はんげき》をしてくるかもしれない。そうなれば、今度は清盛《きよもり》と戦《たたか》わなければならなかった。

清盛《きよもり》は、熊野《くまの》に向かう途中《とちゅう》で義朝反乱《よしともはんらん》の知らせを聞いた。同行していた平氏《へいし》の男たちは騒《そう》然《ぜん》となる。

「源氏《げんじ》は、次はわれらを攻《せ》めるつもりです。都はあぶない。このまま九州《きゅうしゅう》へ逃《に》げましょう。」

「なにを言う。敵《てき》に背中《せなか》を見せるつもりか。すぐに都に帰って源氏《げんじ》に戦《いくさ》をいどむのだ！」

みな興奮《こうふん》して、口々に勝手なことを言い合う中で、清盛《きよもり》はしばらくじっと考えていた。

（この反乱《はんらん》は、貴族《きぞく》どうしの権力争《けんりょくあらそ》いだ。義朝《よしとも》は武力《ぶりょく》としてつごうよく使われただけで、われら平氏《へいし》をたおそうという敵対心《てきたいしん》はないのではないか。それに、もう義朝《よしとも》たち一派《いっぱ》が政治《せいじ》をはじめているのだから、やつらを反乱軍《はんらんぐん》としてあつかうこともできない。なに食わぬ顔で都にもどって、ようすを見たほうがよいだろう。）

清盛《きよもり》は、そう考えをまとめると、一同をひきいて都にもどり、進んで義朝《よしとも》たちの新しい体《たい》制《せい》にしたがう態度《たいど》をしめした。清盛《きよもり》が旧勢力派《きゅうせいりょくは》の一員として反撃《はんげき》してくることを警戒《けいかい》していた義朝《よしとも》たちは、そのおとなしさにひょうしぬけした。

しかし、清盛《きよもり》にはこのまま義朝《よしとも》たちにしたがいつづけるつもりはなかった。ぬけ目なく反《はん》撃《げき》の機会《きかい》をうかがっていたのである。

清盛《きよもり》は、後白河上皇《ごしらかわじょうこう》のせいで自由に政治《せいじ》をおこなえないでいる若《わか》い二条天皇《にじょうてんのう》に目をつけていた。

（天皇《てんのう》をこちらの味方《みかた》につければ、なにをしても正しいのはこちらということにできる。上《じょう》皇《こう》も義朝《よしとも》も、天皇《てんのう》にはむかえば※謀反人《むほんにん》。天皇《てんのう》を味方《みかた》につけられるかどうかが、この先の決め手となる。）

と、清盛《きよもり》は考えた。二条天皇《にじょうてんのう》の側近《そっきん》たちは、後白河上皇《ごしらかわじょうこう》が二条天皇《にじょうてんのう》をさしおいて政治《せいじ》をおこなっていることをおもしろく思っていない。そこで清盛《きよもり》はひそかに彼《かれ》らに近づき、天皇《てんのう》が政《せい》治《じ》を自由にできるように支援《しえん》することを約束《やくそく》し、手を組んだ。そして、二条天皇《にじょうてんのう》を御所《ごしょ》からつれ出して清盛《きよもり》の邸《やしき》に移《うつ》すという計画を立てた。

義朝《よしとも》たちに気づかれれば当然《とうぜん》阻《そ》止《し》されてしまう。つねにおおぜいの護衛《ごえい》に守られている天《てん》皇《のう》をどうやって御所《ごしょ》からつれ出すかが、問題だった。清盛《きよもり》は、奇抜《きばつ》な手を思いついた。

「陛下《へいか》に女の変装《へんそう》をしていただこう。陛下《へいか》はお若《わか》くお美しい。変装《へんそう》すれば警備《けいび》のものの目をごまかせるにちがいない。」

天皇《てんのう》に女装《じょそう》をさせるなどとは、おそれ多い提案《ていあん》だったが、この作戦《さくせん》がうまくいった。かつ

※謀反人《むほんにん》 天皇《てんのう》や君主などにそむいた人。

らをかぶり、女の着物を着た天皇《てんのう》を乗せた車は、御所《ごしょ》のきびしい警備《けいび》を通過《つうか》して、無事《ぶじ》清盛《きよもり》の邸《やしき》にたどりついたのである。清盛《きよもり》はすぐさま、自分の邸《やしき》が天皇《てんのう》の住まいになったことを公表した。自分が天皇《てんのう》を保護《ほご》する有力者となったことを宣言《せんげん》したのである。このとき、清盛《きよもり》が熊野《くまの》から都に帰ってきて、まだ十日ほどしかたっていなかった。上皇《じょうこう》のもとの新勢力《しんせいりょく》にしたがうという態度《たいど》を見せたばかりだった清盛《きよもり》の、思いもかけない早わざのうらぎりだった。

このどんでん返しに朝廷《ちょうてい》は大混乱《だいこんらん》となった。貴族《きぞく》たちはみな、天皇《てんのう》に対抗《たいこう》するものと見なされることをおそれて、ぞくぞくと御所《ごしょ》を出て、清盛《きよもり》の邸《やしき》へとかけつけ、天皇《てんのう》にしたがう意思を明らかにした。

「やられた！　油断《ゆだん》した！」

義朝《よしとも》は、熊野《くまの》からもどってきて以来《いらい》の清盛《きよもり》のたんたんとした態度《たいど》の下に、おそろしく冷静《れいせい》な計算がはたらいていたことに気づいたが、もうおそかった。

「今からでもおそくありません。天皇《てんのう》にしたがうと申し出ましょう。」

そういうものもあったが、義朝《よしとも》は、

「われらは上皇《じょうこう》に仕えると約束《やくそく》した武士《ぶし》だ。うらぎることはできぬ。」

と、御所《ごしょ》をはなれようとしなかった。こうして、義朝《よしとも》は天皇《てんのう》にしたがわないものと見なされることになり、ついに天皇《てんのう》から清盛《きよもり》に、義朝《よしとも》を討《う》つ命令《めいれい》が出されたのである。

義朝《よしとも》と清盛《きよもり》の戦《たたか》い

攻《せ》め寄《よ》せてくる清盛《きよもり》の軍勢《ぐんぜい》を待ち受けて、義朝《よしとも》は源氏《げんじ》一族の武士《ぶし》を御所《ごしょ》に集めて立てこもっていた。

「かくなる上は、武士《ぶし》として存分《ぞんぶん》に戦《たたか》うまでだ。相手は大物、平清盛《たいらのきよもり》。不足《ふそく》はない。」

そう覚悟《かくご》を決めた義朝《よしとも》だったが、不利《ふり》な戦《たたか》いになることは明らかだった。東国を本拠地《ほんきょち》にしている源氏《げんじ》は、ふだん都にそれほど多くの兵《へい》をおいていない。とつぜんのことで、兵《へい》をよび寄《よ》せることもできなかった。先の戦《たたか》いで源氏《げんじ》の一族を敵《てき》として殺《ころ》してへらしてしまったことが、今さらながらくやまれた。一方、平氏《へいし》はこの戦《いくさ》のためにあらかじめひそかに兵《へい》を集めてあった。まして、平氏《へいし》は天皇《てんのう》の命令《めいれい》を受けた軍《ぐん》として、気持ちの上でも勢《いきお》いがある。源氏《げんじ》に勝ち目があるとはとうてい思えなかった。つい、ため息をつきそうになっているところへ、

「父上、戦《いくさ》じたくがととのいました。」

と、義朝《よしとも》の長男の義平《よしひら》があらわれた。よろいかぶとに身をかため、いかにも気の強そうな顔を生き生きとかがやかせている義平《よしひら》は、十八歳《さい》である。兄につづいて三男の頼朝《よりとも》もやってきた。頼朝《よりとも》はまだ十二歳《さい》の少年だったが、小さなよろいを身につけ、胸《むね》をはっている。息子たちの初々《ういうい》しく晴れがましい武者姿《むしゃすがた》に、義朝《よしとも》は、思わず口元をほころばせた。同時に、この若《わか》い息子たちを、自分の不覚《ふかく》によって不利《ふり》な戦《いくさ》にいどませることへの無念《むねん》が胸《むね》にこみあげてきた。

「父上、これまであちこちでけんかばかりしてご迷惑《めいわく》をかけてきましたが、今日こそはお役に立ってみせます。」

父の心情《しんじょう》に気づいているのか、義平《よしひら》は明るい声を出す。子どものころから「悪源太《あくげんた》（あら

あらしい源氏《げんじ》の長男）」とよばれるほどのあばれんぼうだったが、たのもしい若武者《わかむしゃ》に成長《せいちょう》していた。

「私《わたし》も。」

頼朝《よりとも》は、義平《よしひら》とは対照的《たいしょうてき》な性格《せいかく》だが、幼《おさな》いころからとてもかしこく、義朝《よしとも》のお気に入りだった。今も、子どもながら、一族が瀬戸際《せとぎわ》に追いこまれている状況《じょうきょう》を正確《せいかく》に理解《りかい》しているにちがいなかった。

「そうか。心強いぞ。」

義朝《よしとも》は、二人の手を引き寄《よ》せた。そして、無事《ぶじ》に生きのびれば、源氏《げんじ》一族の大黒柱となるはずの息子たちの目を、かわるがわるのぞきこみながら言い聞かせた。

「これから言う二つのことをわすれるな。まず、生きのびよ。たとえ父が死んでも、あとを追ってはならぬ。二つ目は、兄弟で助け合うと約束《やくそく》せよ。武士《ぶし》の世はきびしく、味方もいつ敵《てき》になるかわからぬ。せめて兄弟は信じて助け合うのだ。よいか。」

義平《よしひら》も頼朝《よりとも》も、しっかりとうなずいた。そこに、

「平氏《へいし》の軍勢《ぐんぜい》にかこまれました。」
と報告《ほうこく》が入った。

外からは平氏《へいし》の兵《へい》たちがあげる、「おーっ」というときの声※が聞こえてくる。その声の大きさだけで、大軍勢《だいぐんぜい》だとわかった。義朝《よしとも》は、息子たちをしたがえて外に出た。

門の外には、ぎっしりと平氏《へいし》の軍勢《ぐんぜい》がおし寄《よ》せていた。その先頭で、若《わか》い武士《ぶし》が馬に乗って名乗りをあげた。

「私《わたし》は、清盛《きよもり》の長男、平重盛《たいらのしげもり》。この軍《ぐん》の大将《たいしょう》をつとめる！」

重盛《しげもり》は、二十一歳《さい》。その堂々《どうどう》とした若武者《わかむしゃ》ぶりに、平氏《へいし》の軍勢《ぐんぜい》は誇《ほこ》らしげに歓声《かんせい》をあげ、前進してくる。義朝《よしとも》は、重盛《しげもり》と同年代の義平《よしひら》をふり返った。

「義平《よしひら》、さあ、行って重盛軍《しげもりぐん》を追い返してこい。」

義平《よしひら》は、目をきらきらさせて、
「父上、行って参《まい》ります！」

※ときの声　戦場《せんじょう》で、おおぜいの人がいっせいにあげる声。

と、つないであった馬に飛《と》び乗り、あっという間に門の外にかけ出して行った。

「私《わたし》は、義朝《よしとも》の長男、義平《よしひら》である。生まれてこの方、争《あらそ》って負けたことは一度もない。重盛《しげもり》どの、覚悟《かくご》せよ！」

そうさけぶなり、猛烈《もうれつ》に馬を走らせ、正面から平氏《へいし》の大軍《たいぐん》につっこんで行く。都からはなれたあらあらしい東国で育ち、無鉄砲《むてっぽう》な性格《せいかく》で知られた義平《よしひら》の走りは、都の周辺《しゅうへん》しか知らない平氏《へいし》の兵《へい》たちをおどろかせた。義平《よしひら》の勇敢《ゆうかん》な部下たちがそれにつづいて、平氏《へいし》の隊列《たいれつ》を突《とっ》破《ぱ》し、縦《たて》に横にと走りまわる。五百人をこえる平氏軍《へいしぐん》は、義平《よしひら》と二十人にも満《み》たない部下にみだされて、少しずつ後退《こうたい》しはじめた。勢《いきお》いに乗った義平《よしひら》は、

「重盛《しげもり》どの、源氏《げんじ》と平氏《へいし》の長男どうし、決着をつけようではないか！」

とさけんで、一騎打《いっきう》ちを望《のぞ》んで重盛《しげもり》にせまった。重盛《しげもり》もしばらくはよく戦《たたか》ったが、義平《よしひら》の勢《いきお》いにはかなわず、ついに逃《に》げはじめる。戦《たたか》い足らない義平《よしひら》はあきらめず、重盛《しげもり》を追って行った。

不利《ふり》な条件《じょうけん》をはねのけておおぜいの敵《てき》をしりぞかせた義平《よしひら》のあざやかな戦《たたか》いぶりに、義朝《よしとも》

は戦《たたか》う力があふれてくるのを感じた。

「わが子ながら義平《よしひら》、みごと。みなのもの、義平《よしひら》につづけ！　東国の武士《ぶし》の力を見せてやれ！」

義朝《よしとも》の声にはげまされて、兵《へい》たちは次々に平氏《へいし》の軍《ぐん》に切りこんでいった。まだ体の小さい頼朝《よりとも》も、御所《ごしょ》の中から弓矢で戦《たたか》い、敵《てき》をたおした。義朝《よしとも》自身も進み出て大声を出し、敵《てき》と組み合って戦《たたか》った。

数ではおとるものの、義平《よしひら》の勝利《しょうり》の勢《いきお》いに乗った源氏《げんじ》は、ついに平氏《へいし》の大軍《たいぐん》を御所《ごしょ》から追い返し、逆《ぎゃく》に、逃《に》げていく平氏軍《へいしぐん》を追いはじめた。

「御所攻《ごしょぜ》めは失敗《しっぱい》です。わが軍《ぐん》の兵《へい》たちは撤退《てったい》し、今、こちらにもどってきています。」

自分の邸《やしき》で勝利《しょうり》の知らせを待っていた清盛《きよもり》は耳をうたがった。しかし、遠くから源氏《げんじ》の軍《ぐん》勢《ぜい》のあげる※勝《かち》どきが聞こえてくる。平氏軍《へいしぐん》の撤退《てったい》はまちがいないようだった。

「源氏軍《げんじぐん》の数をはるかに上まわる大軍《たいぐん》を送りつけたというのに、なにをしているのだ。」

「義朝《よしとも》の長男、義平《よしひら》のたいへんなはたらきに、わが軍《ぐん》は総《そう》くずれにされたとのこと。」

※勝《かち》どき　戦《たたか》いに勝った兵《へい》たちが、いっせいに声をあげること。

「たった一人にやられたというのか。ばかなことを申すな。」

「それが、鬼《おに》か神のような武者《むしゃ》ぶりだということで……。」

（くだらぬ。）

と思いかけた清盛《きよもり》は、ふと、保元《ほうげん》の乱《らん》のときの義朝《よしとも》のようすを思い出した。戦《たたか》うことをこの上ない名誉《めいよ》としてみずから前線に立ち、馬の上に立ち上がるようにして指揮《しき》をとっていた、義朝《よしとも》の姿《すがた》である。あのときの義朝《よしとも》からは、得体《えたい》の知れない大きな力がはなたれていた。その子、義平《よしひら》が、一族の運命をかけて戦《たたか》っている。「鬼《おに》か神」は、おおげさではないのかもしれなかった。

清盛《きよもり》自身は、どちらかというと戦略家《せんりゃくか》であり、実際《じっさい》に弓や刀をとって戦《たたか》うということを重んじてこなかった。しかし、戦略《せんりゃく》だけでは義朝《よしとも》たちのような武士《ぶし》には勝てないらしい。自分も武士《ぶし》として義朝《よしとも》や義平《よしひら》のように戦《たたか》ってみようと思った。

清盛《きよもり》は立ち上がってよろいかぶとを身につけ、陣《じん》の外に出た。上から下まで黒のよろいに身をかため、矢の羽も太刀《たち》も黒、かぶとの額《ひたい》につけたりっぱなかざりだけを銀色にきらめか

せて歩いて行く清盛《きよもり》の姿《すがた》には、今までにない威厳《いげん》があり、邸《やしき》を守る兵《へい》たちははっとして、自《し》然《ぜん》に姿勢《しせい》を正して大将《たいしょう》に注目した。

やがて、御所《ごしょ》から逃《に》げてきた平氏軍《へいしぐん》が走りこんできた。つづいて源氏軍《げんじぐん》がおし寄《よ》せてくる。邸《やしき》に攻《せ》め入ろうとする源氏軍《げんじぐん》と、おしとどめようとする平氏軍《へいしぐん》、両軍《りょうぐん》の間に力の差《さ》はなく、一進一退《いっしんいったい》の攻防《こうぼう》がつづく。そこに、おくれていた源義平《みなもとのよしひら》が到着《とうちゃく》し、またたく間に最前線《さいぜんせん》に飛《と》び出してきた。英雄《えいゆう》の再登場《さいとうじょう》に源氏軍《げんじぐん》が勢《いきお》いづき、門の守りはやぶられそうになった。源《げん》氏《じ》の矢が雨のようにふりそそぎ、陣《じん》の奥《おく》で指揮《しき》をとっている清盛《きよもり》をかすめるようにして、建《たて》物《もの》の壁《かべ》やとびらにびしびしとつきささった。すると清盛《きよもり》は、

「このように陣《じん》の深くまで矢を射《い》られるとは、わが軍《ぐん》にはまともに敵《てき》をふせげる兵《へい》はおらぬのか。それなら私《わたし》が相手をしてやる！」

とさけぶと、つないであったがっしりと大きな黒馬にまたがるなり、はげしく走らせた。一直線に門の外にかけ出し、源氏《げんじ》の軍《ぐん》の前におどり出ると、

「大将《たいしょう》、清盛《きよもり》！」

とだけ名乗った。その声は、味方《みかた》の平氏軍《へいしぐん》にも敵《てき》の源氏軍《げんじぐん》にも、びーんとひびきわたった。

総大将《そうだいしょう》である清盛《きよもり》の名乗りに対して、義平《よしひら》も負けじと、

「悪源太《あくげんた》！」

と声をはりあげる。一瞬静《いっしゅんしず》まり返ったあと、両軍《りょうぐん》からそれぞれの大将《たいしょう》を守ろうと兵《へい》が飛《と》び出してきて、敵味方《てきみかた》入りみだれての大乱闘《だいらんとう》となった。おたがいに、これがこの戦《いくさ》の最後《さいご》の決戦《けっせん》と感じているので、命がけで戦《たたか》う。源氏《げんじ》の白い旗《はた》と、平氏《へいし》の赤い旗《はた》とが、戦《たたか》う兵《へい》たちの上をたなびき、右へ左へとかけめぐったが、しだいに土や血によごれ、兵《へい》の中にすいこまれて見えなくなっていった。時間がたつにつれて、戦《たたか》い通しで疲《つか》れが出てきた義平《よしひら》の軍《ぐん》に対して、人数の多い清盛軍《きよもりぐん》が優勢《ゆうせい》になった。じょじょに人数をへらした義平《よしひら》の軍《ぐん》は、ついに戦《たたか》いつづけることができなくなった。もっともたよりにする義平《よしひら》がじりじりと後退《こうたい》しはじめたのを見て、義朝《よしとも》はついに撤退《てったい》を決めた。

源氏《げんじ》の敗戦《はいせん》だった。義朝《よしとも》は、義平《よしひら》、頼朝《よりとも》をつれて、少数の部下とともに、本拠地《ほんきょち》の東国を

めざして都を逃《に》げ出すことになった。

平氏《へいし》の追っ手を警戒《けいかい》しながらの都からの脱出《だっしゅつ》はきびしいものだった。人目のないけわしい夜の山道を行くほどに、人も馬も疲《つか》れきってしまった。雪までふり出し、一行の足はますます進まなくなった。

(結局《けっきょく》、こうなってしまった。)

ときどき、息子たちをふり返りながら、義朝《よしとも》は自分の力のなさをなげいていた。ようやく武士《ぶし》の力がみとめられる時代がやってきて、これからというときに源氏《げんじ》はほろびる。勇敢《ゆうかん》な義平《よしひら》、※聡明《そうめい》な頼朝《よりとも》には、その才能《さいのう》を存分《ぞんぶん》に生かすことのできる、かがやかしい時代が待っていて、源氏《げんじ》はこの子たちによって栄《さか》えるはずだった。それが今や、逃亡者《とうぼうしゃ》となり、数日生きのびることさえむずかしかった。

(ゆるせ……。)

義朝《よしとも》は、心の中でわびながら、せめて息子たちの命だけでも助けてほしいと神仏《しんぶつ》に祈《いの》った。

しかし、逃《に》げつづけるうちに、小さな頼朝《よりとも》がはぐれて見つからなくなった。引き返してさが

※**聡明《そうめい》**　ものごとの理解《りかい》が早く、かしこいこと。

したが、ふりつもっていく雪におおいかくされて、馬の足あとすら見つけられない。あきらめるしかなかった。泣《な》く泣《な》く先に進んだが、やがて、人目をさけるために、一行を小さな集《しゅう》団《だん》に分けなければならなくなり、義平《よしひら》とも途中《とちゅう》で別《わか》れることになった。

戦《いくさ》にやぶれ、息子たちとはなれ、義朝《よしとも》にはもう生きる気力がのこっていなかった。それでも、大将《たいしょう》である以上《いじょう》、生きのびなければならない。義朝《よしとも》は、数人の兵《へい》と部下とともに東国をめざし、途中《とちゅう》、※尾張《おわり》にいる源氏派《げんじは》の武士《ぶし》の邸《やしき》に、数日かくまわれることになった。ところが、その武士《ぶし》のうらぎりにあった義朝《よしとも》は、この邸《やしき》であっけなく殺《ころ》されてしまった。刀をとって応《おう》戦《せん》することすらできなかったその死は、戦《いくさ》ではなばなしく活躍《かつやく》した義朝《よしとも》には、あまりに不似《ふに》合《あ》いな、さびしい最期《さいご》だった。

源氏《げんじ》はほろびた。このときは、だれもがそう思った。

一方の清盛《きよもり》は、のちに「平治《へいじ》の乱《らん》」とよばれるこの源氏軍《げんじぐん》との戦《いくさ》に勝利《しょうり》したあと、一躍朝《いちやくちょう》廷《てい》の主役となった。源氏《げんじ》を討《う》ち負かした清盛《きよもり》の圧倒的《あっとうてき》な存在感《そんざいかん》は、武士《ぶし》のみならず、貴族《きぞく》や

※尾張《おわり》 現在《げんざい》の愛知県《あいちけん》西部。

朝廷《ちょうてい》全体にも影響《えいきょう》をおよぼし、だれもが清盛《きよもり》の力をたよるようになっていた。

そんなとき、長男の重盛《しげもり》から、思いがけない報告《ほうこく》を受けた。

「義朝《よしとも》の子、頼朝《よりとも》をとらえました。」

義朝《よしとも》とはぐれてさまよっていたところを、とらえたという。

「いかがいたしましょう。」

「殺《ころ》せ。」

清盛《きよもり》は即答《そくとう》した。頼朝《よりとも》の兄の義平《よしひら》もすでにとらえて首を切っており、迷《まよ》いはなかった。

「しかし、父上、頼朝《よりとも》はまだ十二歳《さい》の子どもです。」

「今は子どもでも、いずれおとなになれば、父親のかたきを討《う》とうとする。情《なさ》けは無用《むよう》だ。」

清盛《きよもり》の内心には、死んだ義朝《よしとも》へのおそれがあった。義朝《よしとも》は、もし生きのびていれば、今後も手ごわい敵《てき》になるはずだった男である。頼朝《よりとも》はその義朝《よしとも》がとくに目をかけていたという子で、聡明《そうめい》だという評判《ひょうばん》も聞こえていた。そんな少年をわざわざ生かしておいては、やがて、平氏《へいし》のわざわいになると、清盛《きよもり》は考えた。しかし、

「父上に、あまりに思いやりがないという評判《ひょうばん》が立つのも、先々を考えると心配です。」と、重盛《しげもり》に意見され、さらに、清盛《きよもり》の義理《ぎり》の母親である池禅尼《いけのぜんに》からも、幼《おさな》い頼朝《よりとも》の命を助けてやってほしいと何度もたのみこまれる。ついに根負けした清盛《きよもり》は、

「それでは、流罪《るざい》にせよ。なるべく遠方がよい。」

と譲歩した。こうして命びろいをした頼朝《よりとも》は、伊豆《いず》に流罪《るざい》となった。

二十年ほどのちに、清盛《きよもり》はこのときの判断《はんだん》を深くくやむことになる。成長《せいちょう》した頼朝《よりとも》が源氏《げんじ》を復活《ふっかつ》させ、平氏《へいし》をおびやかすことになるからだ。しかし、それまでの二十年の間、平氏《へいし》は「平氏《へいし》でなければ人ではない」というほど、地位《ちい》や権力《けんりょく》を独占《どくせん》する時代を築《きず》く。清盛《きよもり》は、貴《き》族《ぞく》にかわって武士《ぶし》が活躍《かつやく》する時代の幕《まく》あけを象徴《しょうちょう》する存在《そんざい》となったのである。

源《げん》氏《じ》・平《へい》氏《し》
武《ぶ》士《し》の成《せい》長《ちょう》のわけ

武《ぶ》家《け》の名門として知られる源《げん》氏《じ》と平《へい》氏《し》も、当《とう》初《しょ》は小さな勢《せい》力《りょく》にすぎなかった。彼《かれ》らが成《せい》長《ちょう》した大きな理由は、独《どく》自《じ》の武《ぶ》力《りょく》を持っていたこと。源《げん》氏《じ》・平《へい》氏《し》の武《ぶ》士《し》たちは、各《かく》地《ち》の反《はん》乱《らん》を武《ぶ》力《りょく》でおさめるのに功《こう》績《せき》をあげ、朝《ちょう》廷《てい》内《ない》で天《てん》皇《のう》や貴《き》族《ぞく》の信《しん》頼《らい》を得《え》ることに成《せい》功《こう》したのである。

※丸数字は、戦《たたか》いやできごとのおこった順《じゅん》番《ばん》。

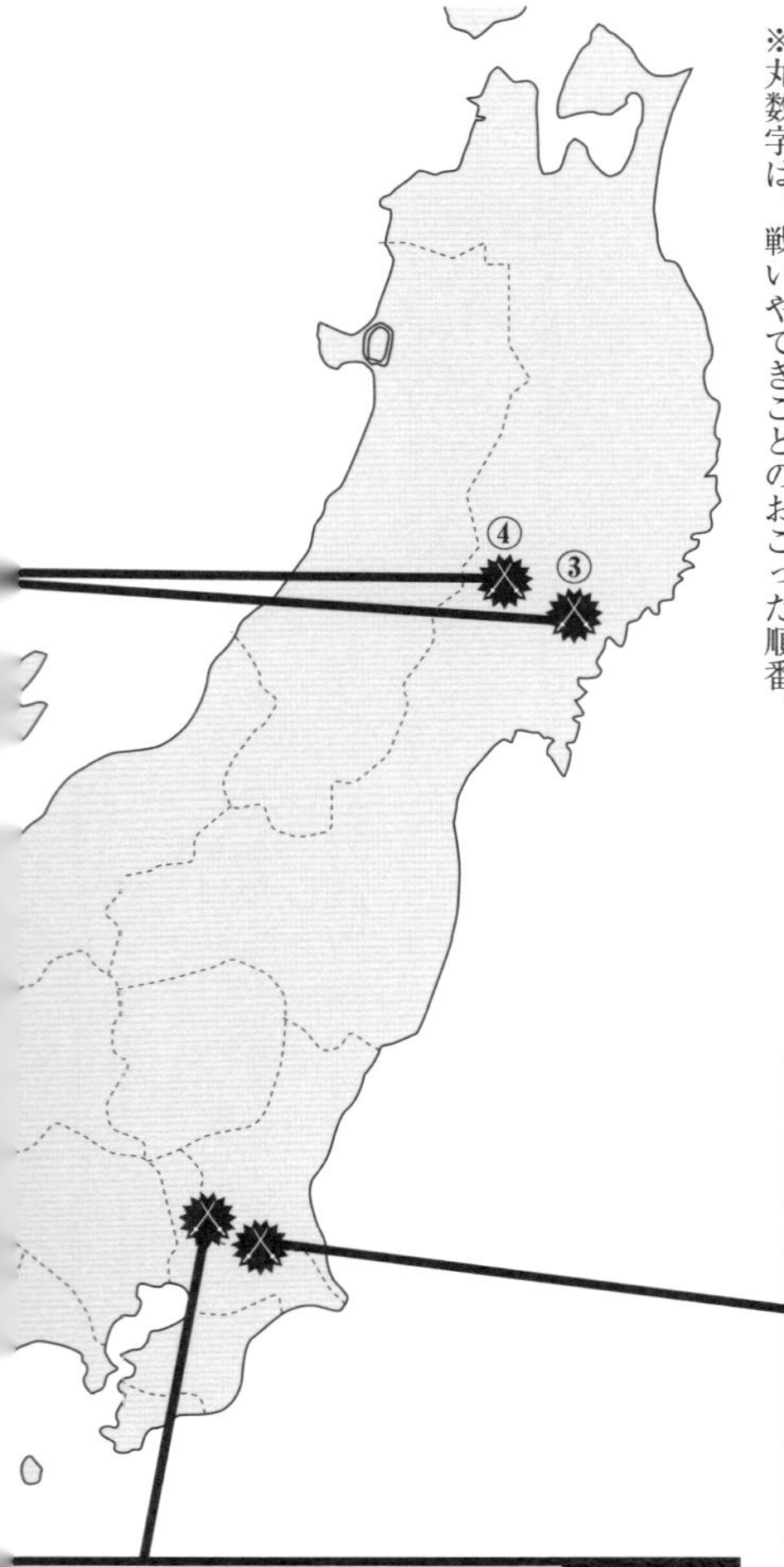

九三五年～ ①平《たいらの》将《まさ》門《かど》の乱《らん》

平将門《たいらのまさかど》
（？～940年）

平貞盛《たいらのさだもり》
（生没年未詳《せいぼつねんみしょう》）

関《かん》東《とう》最《さい》強《きょう》の武《ぶ》将《しょう》と名高い平《たいらの》将《まさ》門《かど》が、朝《ちょう》廷《てい》と対立して反《はん》乱《らん》をおこす。関《かん》東《とう》の大部分を制《せい》圧《あつ》し、「新《しん》皇《のう》（新しい天《てん》皇《のう》）」を名乗った。

その勢《いきお》いを止めたのは、将《まさ》門《かど》のいとこの平《たいらの》貞《さだ》盛《もり》だった。貞《さだ》盛《もり》は、将《まさ》門《かど》を討《う》った功《こう》績《せき》を評《ひょう》価《か》されて朝《ちょう》廷《てい》内《ない》で高い地《ち》位《い》にのぼる。京《きょう》で平《へい》氏《し》が力をのばす基《き》礎《そ》を築《きず》き、平《たいらの》清《きよ》盛《もり》らの祖《そ》先《せん》となった。

一〇二八年～ ②平《たいらの》忠《ただ》常《つね》の乱《らん》

源頼信《みなもとのよりのぶ》
（968～1048年）

平忠常《たいらのただつね》
（967～1031年）

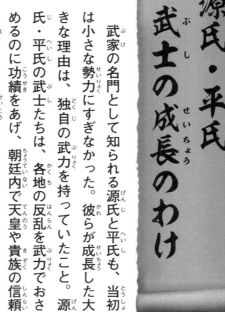

源氏《げんじ》・平氏《へいし》と戦乱《せんらん》のかかわり

源氏《げんじ》と平氏《へいし》の成長《せいちょう》は、戦《たたか》いと深い関《かん》係《けい》がある。各地《かくち》の反乱《はんらん》や権力争《けんりょくあらそ》いにかかわりながら、力をつけていったのだ。

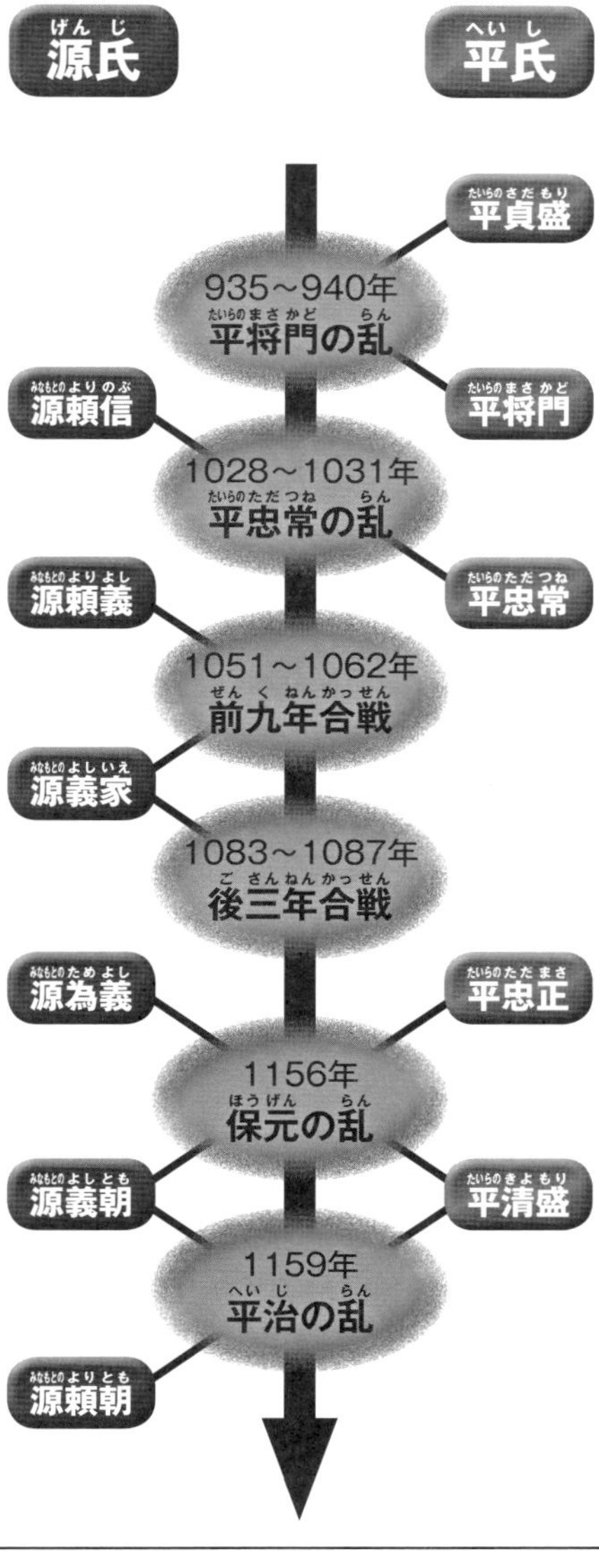

③ 一〇五一年～ 前九年合戦《ぜんくねんかっせん》

④ 一〇八三年～ 後三年合戦《ごさんねんかっせん》

源頼義《みなもとのよりよし》
(988～1075年)

源義家《みなもとのよしいえ》
(1039～1106年)

奥州《おうしゅう》（東北地方《とうほくちほう》）でおきた安倍氏《あべし》の反乱《はんらん》を、源頼義《みなもとのよりよし》・義家《よしいえ》の源氏《げんじ》の親子がおさめた（前九年合戦《ぜんくねんかっせん》）。

それからおよそ二十年後、前九年《ぜんくねん》合戦《かっせん》で功績《こうせき》をあげた清原氏《きよはらし》の一族争《あらそ》いがおこる（後三年合戦《ごさんねんかっせん》）。義家《よしいえ》は、清原清衡《きよはらのきよひら》に協力《きょうりょく》して戦《たたか》いをしずめ、源氏《げんじ》の勢力《せいりょく》をさらに広げた。清衡《きよひら》はその後「藤原《ふじわら》」の姓《せい》を名乗り、奥州《おうしゅう》藤原氏《ふじわらし》として栄《さか》えていく。

関東《かんとう》で大きな勢力《せいりょく》を持っていた平忠常《たいらのただつね》が、朝廷《ちょうてい》に反乱《はんらん》をおこした。平氏《へいし》一族の武将《ぶしょう》がしずめようとするが、失敗《しっぱい》に終わる。

ついで源氏《げんじ》の武将《ぶしょう》、源頼信《みなもとのよりのぶ》が乱《らん》をおさめる命令《めいれい》を受けるが、頼信《よりのぶ》をおそれた忠常《ただつね》は戦《たたか》わずに降伏《こうふく》。頼信《よりのぶ》の名声が高まるとともに、関東《かんとう》で源氏《げんじ》が成長《せいちょう》するきっかけとなった。

今にのこる

戦《たたか》いの記《き》録《ろく》と記《き》憶《おく》

源《げん》平《ぺい》編《へん》①

源《げん》氏《じ》と平《へい》氏《し》の戦《たたか》いの歴《れき》史《し》について、理《り》解《かい》が深まる資《し》料《りょう》館《かん》や、ゆかりの場所を紹《しょう》介《かい》。実《じっ》際《さい》に見に行ってみよう。

厳《いつく》島《しま》神《じん》社《じゃ》

平清盛《たいらのきよもり》をはじめ平氏《へいし》一門《いちもん》が信仰《しんこう》した神社で、海上に建《た》つ大鳥居《おおとりい》が有名。世界遺産《せかいいさん》になっているほか、「安芸《あき》の宮島《みやじま》」とよばれる風景《ふうけい》は日本三景《にほんさんけい》の一つとしても知られる。

厳島神社《いつくしまじんじゃ》の大鳥居《おおとりい》と本殿《ほんでん》。

〒739-0588 広島県廿日市市宮島町1-1
電話：0829-44-2020

宮《み》島《や》歴《じま》史《れき》民《みん》俗《ぞく》資《し》料《りょう》館《かん》

平清盛《たいらのきよもり》とゆかりの深い宮島《みやじま》にあり、平氏《へいし》についての数多くの資料《しりょう》を収集《しゅうしゅう》している施設《しせつ》。波乱《はらん》にみちた清盛《きよもり》の一生を、わかりやすく解説《かいせつ》した映像《えいぞう》資料《しりょう》や年表なども展示《てんじ》している。

平 清盛《たいらのきよもり》の座像《ざぞう》（模刻《もこく》）も展示《てんじ》。

〒739-0533 広島県廿日市市宮島町57
電話：0829-44-2019

高《たか》松《まつ》神《しん》明《めい》神《じん》社《じゃ》

平清盛《たいらのきよもり》と源義朝《みなもとのよしとも》がともに戦《たたか》った保元《ほうげん》の乱《らん》で、後白河天皇方《ごしらかわてんのうがた》の本拠地《ほんきょち》となった神社。平治《へいじ》の乱《らん》でも戦《たたか》いにまきこまれたが、社殿《しゃでん》はのこった。地元の人たちからは「神明《しんめい》さん」とよばれ親しまれている。

白い鳥居《とりい》が目印《めじるし》。

〒604-8276 京都府京都市中京区姉小路通釜座東入津軽町790　電話：075-231-8386

第三話

源平《げんぺい》の戦《たたか》い

～源氏《げんじ》の逆襲《ぎゃくしゅう》と鎌倉幕府《かまくらばくふ》の成立《せいりつ》～

第三話

源《げん》平《ぺい》の戦《たたか》い

（一一八〇～一一八五年）

～源氏《げんじ》の逆襲《ぎゃくしゅう》と鎌倉幕府《かまくらばくふ》の成立《せいりつ》～

「平治《へいじ》の乱《らん》」に勝利《しょうり》した平《たいらの》清盛《きよもり》は、その後、猛《もう》スピードで出世の階段《かいだん》をのぼる。清盛《きよもり》は自分の親族を次々に有力な地位《ちい》につけ、平氏《へいし》一門は、「平氏《へいし》でなければ人ではない」というほどの権力《けんりょく》を持つことになった。しかし一方で、かつてたおした源氏《げんじ》のリーダー源義朝《みなもとのよしとも》の子どもたちが各地《かくち》で成長《せいちょう》。平氏《へいし》打倒《だとう》をめざして、その力をみがきつつあった。

源《みなもとの》頼《より》朝《とも》

（1147～1199年）

源氏《げんじ》のリーダー、源義朝《みなもとのよしとも》の三男。平治《へいじ》の乱《らん》で父がやぶれ、伊豆《いず》に流されていたが、源氏《げんじ》を立て直す目的《もくてき》を見失《みうしな》ってはいなかった。北条氏《ほうじょうし》などの協力《きょうりょく》を得《え》て、平氏打倒《しだとう》に立ち上がる。

源《みなもとの》義《よし》経《つね》

(1159〜1189年)

頼朝《よりとも》の弟。父義朝《よしとも》の死亡時《しぼうじ》はまだ赤んぼうで、京《きょう》で育ち、十代なかばから奥《おう》州《しゅう》（東北地方《とうほくちほう》）に身を寄《よ》せた。歳《とし》のはなれた兄頼朝《よりとも》を、深く尊敬《そんけい》している。平氏《へいし》との戦《たたか》いでは、天才的《てんさいてき》な戦術家《せんじゅつか》として才能《さいのう》を発揮《はっき》し、大活躍《だいかつやく》する。

平《たいらの》清《きよ》盛《もり》

(1118〜1181年)

平氏《へいし》のリーダー。武士《ぶし》としてはじめて朝《ちょう》廷《てい》の最高職《さいこうしょく》「太政大臣《だいじょうだいじん》」につく。自分の娘《むすめ》を天皇《てんのう》のきさきにして生まれた子どもを次の天皇《てんのう》の位《くらい》につけるなど、その勢《いきお》いはとどまることを知らない。

北《ほう》条《じょう》時《とき》政《まさ》 (1138〜1215年)

伊豆《いず》の有力武士《ゆうりょくぶし》、北条氏《ほうじょうし》の当主。娘《むすめ》の政子《まさこ》と頼朝《よりとも》が結婚《けっこん》したことで、頼朝《よりとも》の義理《ぎり》の父となった。適切《てきせつ》な助言をあたえる側近《そっきん》として、頼朝《よりとも》の権力者《けんりょくしゃ》への道をささえる。

生きのこった少年

夢《ゆめ》の中で、少年は父と兄とはぐれ、一人で雪の中をさまよっていた。視界《しかい》は真っ白でなにも見えない。

「父上、兄上！」

よぶ声は雪の中にすいこまれて消え、答える声もなかった。

（さがさなければ。父上も兄上も、殺《ころ》されてしまう。）

気持ちはあせるが、どんなに歩きまわって手でさぐっても、父も兄も見つからなかった。

やがて、寒さと疲《つか》れで体は自由に動かなくなった。さけぼうとしても声も出ない。それでも、心の中でよびつづける。どうしても父と兄に会いたかった。

（父上、兄上……！）

源頼朝《みなもとのよりとも》は、そこで目をさまし、体をおこした。冷《ひ》えこんで息が白いほどの寒さなのに、いやな汗《あせ》をかいていた。

（久《ひさ》しぶりに、この夢《ゆめ》をみた……。）

雪の中で父と兄とはぐれたのは、頼朝《よりとも》の実体験《じったいけん》だった。十年ほど前、源氏軍《げんじぐん》の一員として父の義朝《よしとも》や兄の義平《よしひら》とともに平氏軍《へいしぐん》と戦《たたか》った頼朝《よりとも》は、やぶれて逃《に》げるきびしい道中で、父たちとはぐれてしまったのだ。一人、雪の中をさまよっていた頼朝《よりとも》は、平氏軍《へいしぐん》に生けどりにされたが、まだ少年だということで命を助けられて、伊豆《いず》に流罪《るざい》となった。しかし、父は味方が平氏《へいし》に寝返《ねがえ》ったために殺《ころ》され、兄もとらえられて殺《ころ》されてしまった。

それまで武家《ぶけ》の名門の子としてだいじに育てられてきた頼朝《よりとも》は、家族をなくし、伊豆《いず》の地で、地元の武士《ぶし》の子どもたちとともに育てられることになった。当初《とうしょ》、さびしさや心細さから、父や兄と別《わか》れる夢《ゆめ》をみてよく泣《な》いた頼朝《よりとも》だったが、成長《せいちょう》するにつれ、その夢《ゆめ》をみることも少なくなった。地元の武家《ぶけ》の援助《えんじょ》のもと、ぜいたくはできなくても不自由《ふじゆう》のない生活を送り、学問や武芸《ぶげい》も身につけて、頼朝《よりとも》はおとなになった。今、二十四歳《さい》となった頼朝《よりとも》が久《ひさ》しぶりにこの夢《ゆめ》をみたのは、最近《さいきん》、平氏《へいし》のうわさをよく聞くからかもしれなかった。

源氏《げんじ》に勝利《しょうり》した平氏《へいし》は、一族の長である平清盛《たいらのきよもり》を中心に、一族そろって大出世をはたしていた。清盛《きよもり》は朝廷《ちょうてい》の役職《やくしょく》の最高位《さいこうい》である太政大臣《だいじょうだいじん》に就任《しゅうにん》した。さらに、自分の娘《むすめ》を天皇《てんのう》と結婚《けっこん》させることで、天皇《てんのう》の親せきにまでなった。朝廷《ちょうてい》の重要《じゅうよう》な役職《やくしょく》には平氏《へいし》の一族が名をつらね、「平氏《へいし》でなければ人ではない」と得意《とくい》になっているものもいるという。そんな都のうわさが遠くはなれた伊豆《いず》に住む頼朝《よりとも》の耳にも届《とど》くほど、平氏《へいし》の力は強まっていた。

十年ほど前まで、源氏《げんじ》は平氏《へいし》のもっとも強力な競争相手《きょうそうあいて》だった。もし、あのとき勝ったのが平氏《へいし》ではなく源氏《げんじ》だったら、今、政治《せいじ》を支配《しはい》し世の中の注目をあびているのは源氏《げんじ》かもしれなかった。しかし、現実《げんじつ》には、都で富《とみ》と権力《けんりょく》を手にしているのは平氏《へいし》で、源氏《げんじ》の生きのこりの頼朝《よりとも》は、伊豆《いず》の質素《しっそ》な住まいで幼《おさな》いころの悲しい夢《ゆめ》をみている。あの戦《いくさ》の勝敗《しょうはい》で、源氏《げんじ》と平氏《へいし》の運命はくっきりと分けられてしまった。

「父上、兄上。頼朝《よりとも》は、やはり、まだくやしゅうございます。」

頼朝《よりとも》は、しばらくじっと両手をにぎりしめていた。

反撃《はんげき》のはじまり

「むこどの、たいへんなことになりましたぞ。」

北条時政《ほうじょうときまさ》が、頼朝《よりとも》のところにかけつけてきたのは、一一八〇年の春の終わりのことである。伊豆《いず》の山里では桜《さくら》も終わり、緑がこくなりはじめていた。頼朝《よりとも》三十三歳《さい》。少し前に、地元の有力武家《ゆうりょくぶけ》である北条家《ほうじょうけ》の政子《まさこ》と結婚《けっこん》していた。時政《ときまさ》はその政子《まさこ》の父である。

「義父上《ちちうえ》、どうなさいました。」

「以仁王《もちひとおう》が、全国の源氏《げんじ》に平氏打倒《へいしだとう》の命令《めいれい》をお出しになったらしいのです。」

「えっ……。」

以仁王《もちひとおう》は、後白河法皇《ごしらかわほうおう》の皇子《おうじ》で、つい先日、二歳《さい》で即位《そくい》したばかりの安徳天皇《あんとくてんのう》のおじにあたる。平氏《へいし》一族のさしがねで、天皇《てんのう》になる可能性《かのうせい》をほとんど絶《た》たれていた皇族《こうぞく》である。思いもよらない知らせに、頼朝《よりとも》はとっさにことばが出なかった。

今や、平氏《へいし》の権力《けんりょく》はだれにも止められないほど大きくなっていた。清盛《きよもり》は、平氏《へいし》にはむかうものは、たとえ皇族《こうぞく》でもようしゃせずに排除《はいじょ》し、朝廷《ちょうてい》の重要《じゅうよう》な役職《やくしょく》は平氏《へいし》が独占《どくせん》していた。即位《そくい》したばかりの幼《おさな》い安徳天皇《あんとくてんのう》は、清盛《きよもり》の孫《まご》である。天皇《てんのう》の祖父《そふ》として、清盛《きよもり》はこれからますます自由に政治《せいじ》をおこなうと思われていた。そんな矢先に、弱い立場にある以仁王《もちひとおう》が平氏《へいし》をたおそうと立ち上がったという。にわかには信《しん》じられない話だった。

しかし、まもなく、以仁王《もちひとおう》の命令《めいれい》の文書をたずさえた使者が、伊豆《いず》の頼朝《よりとも》のところにもやって来たので、それがほんとうのことだとわかった。使者は、全国各地《ぜんこくかくち》にちらばっている源氏《げんじ》をたずね歩いて、平氏《へいし》との戦《たたか》いに参加《さんか》するよう説得《せっとく》してまわっているところで、

「頼朝《よりとも》どのは、源氏《げんじ》一族のりっぱな長だった義朝《よしとも》どののわすれ形見。すぐれたご子息として一族みなが期待しています。頼朝《よりとも》どのにはどうしても参加《さんか》して、われらの軍《ぐん》の中心になっていただきたいのです。」

と熱心《ねっしん》に言った。

頼朝《よりとも》にとっても、平氏《へいし》をたおして源氏《げんじ》を復活《ふっかつ》させることは、子どものころからの夢《ゆめ》だった

が、それは危険《きけん》な挑戦《ちょうせん》だった。いざ戦《いくさ》になれば、また命がけの戦《たたか》いになる。今の頼朝《よりとも》にはおだやかな家庭があったし、流罪《るざい》にされた罪人《ざいにん》である自分と政子《まさこ》との結婚《けっこん》をゆるるし、なにかと親身になってくれる義父《ぎふ》、時政《ときまさ》に心配をかけるのも気が引けた。かんたんに決められることではなかった。

ところが、その時政《ときまさ》が、頼朝《よりとも》の背中《せなか》をおしてくれた。

「むこどの、すぐに戦《いくさ》の準備《じゅんび》をするのです。あなたが立ち上がれば、全国の源氏《げんじ》もみな勇気《ゆうき》を出すでしょう。亡《な》くなった父上たちの無念《むねん》を晴らしなさい。」

その力強いことばで、頼朝《よりとも》の心は決まった。時政《ときまさ》の手助けもあって、地元の武士《ぶし》たちも頼朝《よりとも》のもとに結集《けっしゅう》してくれた。

頼朝《よりとも》たちは、まず、伊豆一帯《いずいったい》を支配《しはい》するために派遣《はけん》されていた平氏《へいし》派《は》の役人を攻撃《こうげき》した。平氏《へいし》の威光《いこう》のもと、すっかり油断《ゆだん》していた役人たちはほとんど反撃《はんげき》もできず、頼朝《よりとも》たちは、伊豆地方《いずちほう》を平氏《へいし》からうばいとって源氏《げんじ》の支配地域《しはいちいき》にすることに成功《せいこう》した。

この頼朝《よりとも》の勝利《しょうり》を知って、周辺《しゅうへん》の武士《ぶし》が頼朝《よりとも》のもとにぞくぞくと集まってきた。頼朝《よりとも》は勢《いきお》

いづき、

「よし、さらに東へ向かって、源氏《げんじ》の陣地《じんち》を広げよう。」

と※相模《さがみ》をめざして、兵《へい》を進めた。しかし、それを知った関東《かんとう》の平氏派《へいしは》の武士《ぶし》たちは、頼朝《よりとも》をむかえうつために兵《へい》を集めた。都からも頼朝軍《よりともぐん》を追うように平氏軍《へいしぐん》が派遣《はけん》された。関東《かんとう》の平《へい》氏軍《しぐん》と都からの平氏軍《へいしぐん》に東西からはさみうちにされた頼朝《よりとも》たちは、少ない軍勢《ぐんぜい》で必死《ひっし》になって戦《たたか》ったが、圧倒的《あっとうてき》な兵力《へいりょく》の平氏軍《へいしぐん》にはかなわず、ばらばらになって逃《に》げ出すしかなかった。


二度目の戦《いくさ》で早くも負けてしまった頼朝《よりとも》は、がっくりと肩《かた》を落とした。

(平氏《へいし》をたおすのは、それほどかんたんなことではない。私《わたし》にはそんな力はないのだ……。)

頼朝《よりとも》は自信《じしん》をなくし、追っ手の目をさけてかくれていた。だが意外なことに、そんな頼朝《よりとも》のもとに、次々と源氏《げんじ》に味方したいという武士《ぶし》が集まってきた。

「なぜ、ふがいない負け方をした私《わたし》とともに戦《たたか》おうとしてくださるのですか。」

と頼朝《よりとも》はたずねた。武士《ぶし》たちは、

※相模《さがみ》　現在《げんざい》の神奈川県《かながわけん》の大部分。

「ここ関東《かんとう》は、武家《ぶけ》の名門源氏《げんじ》の拠点《きょてん》です。源氏《げんじ》は私《わたし》たち東国武士《とうごくぶし》の誇《ほこ》りなのです。」

と口をそろえ、もう一度平氏《へいし》と戦《たたか》おうと頼朝《よりとも》をはげました。

「源氏《げんじ》をたよりにしてくれる人がこんなにたくさんいるのなら、一度の負け戦《いくさ》であきらめるわけにはいかないぞ！」

頼朝《よりとも》は勇気《ゆうき》を取りもどした。そして、地元の武士《ぶし》たちの協力《きょうりょく》のもと、相模《さがみ》の海沿《うみぞ》いの鎌倉《かまくら》を本拠地《ほんきょち》として軍《ぐん》を立て直すと、もう一度平氏軍《へいしぐん》と戦《たたか》うために、西へ向かった。

頼朝軍《よりともぐん》が西へ向かうのと同時に、都からは平氏軍《へいしぐん》が東へ向かっていた。頼朝軍《よりともぐん》が※駿河《するが》の富《ふ》士川《じがわ》までやってくると、ちょうど対岸に平氏軍《へいしぐん》が到着《とうちゃく》したところだった。平氏《へいし》の軍勢《ぐんぜい》は大軍《たいぐん》だったが、頼朝《よりとも》のひきいる源氏軍《げんじぐん》も関東各地《かんとうかくち》からかけつけた兵《へい》が加《くわ》わり、数がふえている。

頼朝《よりとも》は、その源氏軍《げんじぐん》の先頭に立ち、

（今度こそ、平氏軍《へいしぐん》に関東《かんとう》の武士《ぶし》の底力《そこぢから》を見せつけて、この戦《いくさ》に勝つ！）

と、かたく心にちかった。

※駿河《するが》　現在《げんざい》の静岡県《しずおかけん》東部と中部。

翌朝《よくあさ》からの戦《いくさ》のために、富士川《ふじがわ》をはさんで両軍《りょうぐん》が寝静《ねしず》まっていた、その夜のことである。平氏《へいし》の陣《じん》の近くの沼《ぬま》から、なにかのはずみで水鳥の大群《たいぐん》がいっせいに飛《と》び立った。すると、平氏軍《へいしぐん》は、暗がりの中から聞こえたその大きな羽音を、源氏軍《げんじぐん》の攻撃《こうげき》とかんちがいしてしまった。

「たいへんだ！　源氏《げんじ》が夜の戦《いくさ》をしかけてきたぞ！」

平氏《へいし》の陣地《じんち》は大混乱《だいこんらん》となり、兵《へい》たちは武器《ぶき》も持たずに、近くの馬にでたらめに乗ると、みな一目散《いちもくさん》に逃《に》げ出した。夜が明けると、平氏《へいし》の陣地《じんち》はからっぽで、頼朝《よりとも》たちはあっけにとられてしまった。

この富士川《ふじがわ》でのできごとは、あっという間に各地《かくち》に伝《つた》わった。庶民《しょみん》のうわさにまでなり、「平氏《へいし》はいくじがない」と笑《わら》いものになった。このだらしのない敗戦《はいせん》に、清盛《きよもり》は、

「なんとぶざまな！　この戦《いくさ》の責任《せきにん》を大将《たいしょう》にとらせよ。殺《ころ》してもかまわぬ！」

と、たいへんな剣幕《けんまく》で怒《いか》った。一方の源氏《げんじ》は、戦《たたか》わずに得《え》たこの勝利《しょうり》で一気に勢《いきお》いづいた。頼朝軍《よりともぐん》だけでなく、各地《かくち》で源氏軍《げんじぐん》が戦《たたか》いをおこし、次々に勝利《しょうり》をおさめていった。

そして、頼朝《よりとも》には、勝利《しょうり》のほかにもう一つうれしいできごとがおきた。弟の源義経《みなもとのよしつね》がたずねてきたのである。義経《よしつね》は、頼朝《よりとも》とは母親《ははおや》のちがう弟だった。父の義朝《よしとも》が亡《な》くなったときはまだ赤んぼうで、頼朝《よりとも》と同じように命を助けられて京《きょう》の山奥《やまおく》で育ち、今は※奥州《おうしゅう》に身を寄《よ》せていた。

「よく来てくれた。」

頼朝《よりとも》は、はじめて会う義経《よしつね》と向かい合ってすわった。

「ご活躍《かつやく》を知り、いても立ってもいられず、一目お会いしたくて奥州《おうしゅう》から出て参《まい》りました。」

二十一歳《さい》の義経《よしつね》は、若々《わかわか》しい顔をよろこびに上気させている。兄の義平《よしひら》を亡《な》くした頼朝《よりとも》も、兄弟に会えて心強く、うれしかった。おたがいにこれまでのことなどを語り合ったあと、頼《より》朝《とも》は、

「私《わたし》は、亡《な》き父上から、兄弟が助け合って源氏《げんじ》を守るようにと遺言《ゆいごん》された。今、源氏《げんじ》は復活《ふっかつ》をかけたたいせつなときだ。弟よ、ぜひ私《わたし》とともに戦《たたか》ってほしい。」

※**奥州**《おうしゅう》　陸奥国《むつのくに》の別名《べつめい》。現在《げんざい》の東《とう》北地方《ほくちほう》。

と言った。義経《よしつね》はなみだぐんでうなずいた。

「そのおことば、とてもうれしく存《ぞん》じます。命をかけて戦《たたか》います。」

そして、少したためらってから、

「兄上。」

と言い足した。その義経《よしつね》の少し照《て》れくささそうな少年のような表情《ひょうじょう》を見て、頼朝《よりとも》は、赤んぼうのころに家族と別《わか》れ、一人で生きてきた義経《よしつね》のさびしさを想像《そうぞう》した。そして、かつて自分が兄の義平《よしひら》をたのもしく感じたように、自分も義経《よしつね》のりっぱな兄でありたいと思った。

その後、頼朝《よりとも》は西日本での戦《たたか》いを地元の源氏《げんじ》の武士《ぶし》たちにまかせると、兵《へい》をひきいて鎌倉《かまくら》にもどった。そして、関東地方《かんとうちほう》にまだのこっていた平氏《へいし》の勢力《せいりょく》と戦《たたか》い、ついに関東《かんとう》の大半を源氏《げんじ》のものにすることに成功《せいこう》したのである。

平氏《へいし》をたおせ！

平清盛《たいらのきよもり》がとつぜんの病気にかかったのは、頼朝《よりとも》が平氏《へいし》打倒《だとう》に立ち上がった翌年《よくねん》のことだった。

熱《あつ》さで人がそばに近寄《ちかよ》れないほどのおそろしい高熱《こうねつ》に苦しみ、どのような薬もきかない。邸中《やしきじゅう》からありったけの財宝《ざいほう》をはこび出して寺や神社に奉納《ほうのう》して祈《いの》っても、回復《かいふく》するようすはなかった。清盛《きよもり》は、もはや助からないだろうとさとると、一族を集め、苦しい息をつきながら遺言《ゆいごん》した。

「武士《ぶし》としてこの世の頂点《ちょうてん》に立ち、思いのこすことはなにもない。しかし、あの頼朝《よりとも》がまだ生きていることだけが、無念《むねん》でならない。命を助けてやった恩《おん》をあだで返す、にくい頼朝《よりとも》め……！　私《わたし》が死んだら一刻《いっこく》も早く頼朝《よりとも》を殺《ころ》し、その首を私《わたし》の墓《はか》の前にそなえよ。それだけが私《わたし》への供養《くよう》だ。」

そして、体を焼《や》くような熱《ねつ》に、もだえ苦しみながら死んでしまった。

父と兄のかたきである清盛《きよもり》の死の知らせを受けても、頼朝《よりとも》の心は落ち着いていた。今や、頼朝《よりとも》の夢《ゆめ》は父や兄のかたきを討《う》つということにとどまっていなかった。源氏《げんじ》一族の長として平氏《へいし》をたおし、国中の武士《ぶし》を一つにまとめるという大きな目標《もくひょう》を持っていたのだ。

日本の政治《せいじ》は、何百年もの間、都の朝廷《ちょうてい》で貴族《きぞく》たちによっておこなわれてきた。平氏《へいし》も貴《き》族《ぞく》の仲間《なかま》になることで力を得《え》た。しかし、今、貴族《きぞく》たちには力がなくなっている。一方、頼《より》朝《とも》のもとに結集《けっしゅう》している武士《ぶし》たちには、前へ進もうとする力がみなぎっていた。頼朝《よりとも》は、これからは都の貴族《きぞく》にかわって、自分たち武士《ぶし》が政治《せいじ》をおこなうべきだと考えていた。幼《おさな》いころからかしこさのきわだっていた頼朝《よりとも》の頭の中には、新しい政治《せいじ》のしくみが形作られはじめていた。

「源氏《げんじ》だけでなく、多くの武士《ぶし》が一つの組織《そしき》にまとまれば、武家《ぶけ》による政治《せいじ》が実現《じつげん》できると思うのです。」

頼朝《よりとも》は、義父《ぎふ》の時政《ときまさ》に、自分の考えを打ち明けた。

「むこどの、武士《ぶし》は貴族《きぞく》とちがって独立心《どくりつしん》や支配欲《しはいよく》が強い。そうかんたんに人にしたがいませんぞ。」

「私《わたし》もそう思います。だから、武士《ぶし》にそれぞれ領地《りょうち》をあたえて支配《しはい》させつつ、同時に組織《そしき》の一員として貢献《こうけん》させるというしくみにするのです。」

時政《ときまさ》は、頼朝《よりとも》の語る将来《しょうらい》の構想《こうそう》に感心しながら、その挑戦《ちょうせん》があまりにも大それたものであることを心配した。

「そのような新しいしくみを作るには、たいへんな時間が必要《ひつよう》でしょう。同時に、平氏《へいし》との戦《いくさ》もつづけなければならない。」

「そうなのです。ですから、今後、私《わたし》は鎌倉《かまくら》で義父上《ちちうえ》たちのお力を借《か》りながら、この組織作《そしきづく》りに集中したいと思います。平氏《へいし》との戦《いくさ》は、戦上手《いくさじょうず》な義経《よしつね》たちにまかせます。」

頼朝《よりとも》の発想《はっそう》は柔軟《じゅうなん》で、考え方はきわめて合理的《ごうりてき》だった。部下を信頼《しんらい》して仕事をまかせる思いきりのよさもある。

（むこどのは、なみはずれた大将《たいしょう》になるかもしれぬ。）

時政《ときまさ》は頼朝《よりとも》の挑戦《ちょうせん》をささえようと決めた。

そして、この頼朝《よりとも》の考えを聞かされた義経《よしつね》たちも、

「平氏《へいし》をたおせば、頼朝《よりとも》どのが新しい武士《ぶし》の時代を作ってくださるのだ！」

とはりきり、頼朝《よりとも》からまかされた軍《ぐん》をひきいて平氏軍《へいしぐん》を次々に撃破《げきは》し、追いつめていった。

源氏軍《げんじぐん》の勢《いきお》いにおされ、平氏《へいし》はついに都から逃《に》げ出した。その際《さい》に、平氏《へいし》が幼《おさな》い安徳天皇《あんとくてんのう》もつれて行ったので、朝廷《ちょうてい》は、天皇《てんのう》を勝手につれ去った平氏《へいし》をたおすように、頼朝《よりとも》に命じた。

つまり、源氏軍《げんじぐん》は、朝廷《ちょうてい》の命令《めいれい》で平氏《へいし》を討《う》つ公《おおやけ》の軍《ぐん》となったのである。

こうしてますます勢《いきお》いをました源氏軍《げんじぐん》にも不安《ふあん》があった。大きくなった武士集団《ぶししゅうだん》の中に、頼朝《よりとも》の命令《めいれい》にしたがわないものも出てきたのだ。そうしたみだれを、頼朝《よりとも》は決してゆるさず、きびしくとりしまった。平氏打倒《へいしだとう》まであと一歩というときであり、味方の結束《けっそく》がなによりもたいせつだった。

逃《に》げる平氏《へいし》を追いつめて完全《かんぜん》にほろぼすための最後《さいご》の戦《いくさ》の指揮官《しきかん》に、頼朝《よりとも》は弟の義経《よしつね》を任《にん》

命《めい》した。これまでにも義経《よしつね》は、大胆《だいたん》な作戦《さくせん》とばつぐんの度胸《どきょう》で、あざやかに平氏《へいし》を撃退《げきたい》しており、だれもが義経《よしつね》を源氏《げんじ》一番の戦《いくさ》の達人《たつじん》とみとめていた。

「義経《よしつね》。このたいせつな戦《いくさ》はおまえにまかせる。信《しん》じているぞ。」

兄のことばに、義経《よしつね》はふるいたった。大将《たいしょう》であり兄である頼朝《よりとも》からの信頼《しんらい》は、なによりもうれしい強いはげましだった。義経《よしつね》は、いさましい顔をさらに引きしめて、

「光栄《こうえい》です。必《かなら》ず平氏《へいし》をたおしてみせます。兄上。」

と力強く答えると、すぐに戦《いくさ》じたくをととのえ、平氏《へいし》との最後《さいご》の戦《たたか》いのために西へ向かった。

平氏《へいし》の一族は、清盛《きよもり》の孫《まご》である安徳天皇《あんとくてんのう》をたいせつに守りながら、武士《ぶし》もその家族たちも都から逃《に》げ出して、※讃岐《さぬき》の※屋島《やしま》にとどまっていた。義経《よしつね》は、その平氏《へいし》を追って※摂津《せっつ》から船で四国《しこく》へ向かおうと、ともに出陣《しゅつじん》する武士《ぶし》たちと作戦《さくせん》を話し合っていた。

「ここは潮《しお》の流れが速く、波があらいそうです。われわれは、船のあつかいになれていません。いざというときにあともどりができるように、船のかじを加工《かこう》しておいたほうがよいで

※讃岐《さぬき》　現在《げんざい》の香川県《かがわけん》。

※屋島《やしま》　屋島《やしま》は、現在《げんざい》は陸《りく》つづきの半島になっているが、当時は島だった。

※摂津《せっつ》　現在《げんざい》の大阪府《おおさかふ》北西部と兵《ひょう》庫県《ごけん》南東部。

しょう。」

と提案《ていあん》するものがいたが、義経《よしつね》はそれを笑《わら》いとばした。

「海であろうと陸《りく》であろうと、戦《いくさ》は前に進むのみだ。あともどりのしかけなど必要《ひつよう》ない。」

そう言って話し合いの席《せき》を立つと、義経《よしつね》は、船に武具《ぶぐ》や食料《しょくりょう》、馬をつみこませ、親しい部下たちだけをつれて、さっさと船に飛《と》び乗ってしまった。

「もう夜ですし、今日はとくに潮《しお》の流れも速く、あまりに危険《きけん》です。」

しりごみする船頭に、義経《よしつね》は言った。

「海のあぶないときなら、平氏《へいし》も油断《ゆだん》しているはずだ。今が攻《せ》めどき。さあ、早く船を出せ。」

義経《よしつね》たちを乗せた船は、夜の海を速い潮《しお》に乗って飛《と》ぶように進み、ふつうなら三日かかるところを、わずか三時間で四国《しこく》にわたった。

五十人ばかりの兵《へい》とともに、五そうの船で四国《しこく》に上陸《じょうりく》すると、沿岸《えんがん》を守る平氏《へいし》の軍《ぐん》がまばらに見える。義経《よしつね》は少しも休まずに、その軍《ぐん》におそいかかった。とつぜん飛《と》び出してきた義《よし》経《つね》たちに、平氏《へいし》の警備兵《けいびへい》はおどろくばかりで反撃《はんげき》もできず、すぐに降参《こうさん》してしまった。

上陸《じょうりく》した海岸から屋島《やしま》までは、馬で二日ほどの距離《きょり》だという。

「われらが四国《しこく》に上陸《じょうりく》したことが、屋島《やしま》の平氏軍《へいしぐん》に伝《つた》わる前に攻《せ》め入るぞ。急げ！」

義経《よしつね》は、船からおろした馬にまたがり、先頭をきって走り出した。屋島《やしま》への道の途中《とちゅう》にはけわしい山があったが、それも徹夜《てつや》で走りに走ってこえてしまう。そして、翌日《よくじつ》の夜明け前には、屋島《やしま》のすぐ近くまでたどりついた。摂津《せっつ》を出てから屋島《やしま》までたった二日という、まるで稲妻《いなづま》のような速さだった。


屋島《やしま》は、海岸から少しはなれた島である。少しの間、その島影《しまかげ》と海をにらんでいた義経《よしつね》は、

「この海は浅《あさ》い。馬で屋島《やしま》までわたれそうだぞ。こちらの海岸のあばら家に火をはなち、私《わたし》につづけ！」

と言うなり、波をけちらして馬で海へつっこんでいった。

屋島《やしま》の平氏《へいし》は、対岸に火の手が上がっているのに気づいて、

「源氏《げんじ》が攻《せ》めてきたぞ！」

と、大さわぎになった。しだいに、波しぶきをあげる騎馬《きば》の群《む》れも見えてくる。盛大《せいだい》にはねあげられる水しぶきのせいで、実際《じっさい》には五十騎《き》ほどでしかない義経軍《よしつねぐん》が、平氏《へいし》には大軍《たいぐん》に見えた。

「これはとても勝ち目がない。船に乗って逃《に》げよ。」

平氏《へいし》の一族は船に乗りこみ、屋島《やしま》から瀬戸内海《せとないかい》に逃《に》げ出した。そこに馬の腹《はら》まで水につかった義経《よしつね》ら源氏《げんじ》の一軍《いちぐん》が到着《とうちゃく》した。義経《よしつね》は、逃《に》げて行く平氏軍《へいしぐん》をにらみつけると、

「朝廷《ちょうてい》から平氏討伐《へいしとうばつ》の命令《めいれい》を受けた、源義経《みなもとのよしつね》である！」

と大声で名乗った。その声にふり返った平氏軍《へいしぐん》の目に、紫《むらさき》のよろいに身をかため、金色に光る太刀《たち》をさし、たっぷりと矢をせおって仁王立《におうだ》ちする、義経《よしつね》のあざやかな姿《すがた》がうつった。小がらながら全身に大将《たいしょう》の風格《ふうかく》がみなぎっている。戦《いくさ》の名人と名高いこの大将《たいしょう》をたおそうと、平氏《へいし》の船からびゅんびゅん矢が飛《と》んできた。義経《よしつね》の兵《へい》たちは、大将《たいしょう》を守るために義経《よしつね》の前に立ちはだかり、いっせいに弓をかまえて矢を射返《いかえ》した。壮絶《そうぜつ》な弓矢の射《い》かけ合いがはじまった。

日がくれるまでつづいた屋島沖《やしまおき》での戦《たたか》いは、夜になって、いったんしずまった。摂津《せっつ》を船出してから丸三日間、一睡《いっすい》もしていなかった源氏《げんじ》の兵《へい》たちは、みな疲《つか》れはててねむりこんでしまった。馬までもぐっすりねむっていたが、義経《よしつね》だけは、疲《つか》れも知らず目を闘争心《とうそうしん》でらんらんと光らせて、平氏《へいし》の船が浮《う》かんでいるはずの夜の海をにらんでいた。

（絶対《ぜったい》に負けるわけにはいかない。父上のかたきを取り、鎌倉《かまくら》の兄上のお役に立つのだ！）

数日におよんだ屋島周辺《やしましゅうへん》での戦《たたか》いで、義経軍《よしつねぐん》は平氏《へいし》をはげしく攻撃《こうげき》しつづけた。結局《けっきょく》、平《へい》氏《し》は源氏《げんじ》を追いはらって屋島《やしま》にもどることをあきらめ、瀬戸内海《せとないかい》を西へと逃《に》げて行った。

この屋島《やしま》での義経《よしつね》の勝利《しょうり》の知らせが、鎌倉《かまくら》で指揮《しき》をとっている頼朝《よりとも》のもとに届《とど》いた。頼朝《よりとも》は、伝《つた》えられた義経《よしつね》の活躍《かつやく》のようすを頭に思い浮《う》かべて、胸《むね》を高鳴らせた。そして、今も西のかなたで平氏《へいし》を追って走っているであろう義経《よしつね》に、心の中で語りかけた。

（義経《よしつね》。平氏《へいし》をたおすまで、あと少しだ。たのんだぞ！）

一か月ほどすると、平氏《へいし》の船団《せんだん》が、瀬戸内海《せとないかい》の西のはずれ、※長門《ながと》の壇ノ浦《だんのうら》にたどりついたことがわかった。義経《よしつね》は、瀬戸内海《せとないかい》を陸伝《りくづた》いに進んで来た源氏軍《げんじぐん》や、源氏《げんじ》に味方する地元の武士《ぶし》たちと合流して、平氏《へいし》の船がとどまっている壇ノ浦《だんのうら》に向かった。いよいよ最後《さいご》の決戦《けっせん》である。義経《よしつね》は、ますます気持ちをたかぶらせた。

合流した武士《ぶし》たちとの作戦《さくせん》の相談で、

「まず、私《わたし》が突入《とつにゅう》しよう。」

と義経《よしつね》が名乗り出ると、だれもが猛反対《もうはんたい》した。

「めっそうもないことを。大将《たいしょう》にもしものことがあったら、軍《ぐん》はどうなります。」

しかし、義経《よしつね》は、

「ほんとうの大将《たいしょう》は、鎌倉《かまくら》にいるわが兄上。私《わたし》はただの戦屋《いくさや》だ。」

とまったく取り合わず、真っ先に船に乗りこんで、どんどんこぎ出していってしまった。あわてて義経《よしつね》を追う源氏《げんじ》の船が、壇ノ浦《だんのうら》に浮《う》かぶ平氏《へいし》の船団《せんだん》にぞくぞくとせまった。

「わあっ！」

※長門《ながと》 現在《げんざい》の山口県《やまぐちけん》西部。

源平両軍《げんぺいりょうぐん》が同時にあげたときの声※で、最後《さいご》の戦《たたか》いがはじまった。平氏《へいし》の船は千そうほど、それに対して源氏《げんじ》の船は三倍《ばい》の三千そうあまり。数では圧倒的《あっとうてき》に源氏《げんじ》が有利《ゆうり》だったが、死を覚悟《かくご》した平氏《へいし》の土壇場《どたんば》での反撃《はんげき》はすさまじい。とくに、ここまで平氏《へいし》を追いつめてきた義経《よしつね》をねらう矢のはげしさは想像《そうぞう》を絶《ぜっ》するもので、さすがの義経《よしつね》も防戦一方《ぼうせんいっぽう》となった。それでも、義経《よしつね》は矢をかいくぐってたくみに平氏《へいし》の船にこぎ寄《よ》せ、目にも止まらない速さで平氏《へいし》の船に飛《と》び移《うつ》った。義経《よしつね》につづいて、平氏《へいし》の船におし寄《よ》せた源氏《げんじ》の船からは、ぞくぞくと兵《へい》が乗り移《うつ》る。われをわすれて戦《たたか》う兵《へい》たちのわめき声と、女たちの悲鳴や泣《な》き声で、船の上は騒然《そうぜん》となった。

平氏《へいし》の全軍《ぜんぐん》から標的《ひょうてき》にされながら、義経《よしつね》は船から船へ身軽に乗り移《うつ》ってその目をくらまし、戦《たたか》いつづけていた。しかし、必死《ひっし》になって義経《よしつね》をさがしていたある平氏《へいし》の若武者《わかむしゃ》が、ようやく義経《よしつね》を見つけて飛《と》びかかってきた。

「義経《よしつね》、覚悟《かくご》!」

その殺気《さっき》に、義経《よしつね》はとっさにふわりと飛《と》び上がり、半円をえがくように二丈《じょう》(六メートル)

※ときの声 戦場《せんじょう》で、おおぜいの人がいっせいにあげる声。

ほど飛《と》んで別《べつ》の船に乗り移《うつ》った。そのあざやかな大跳躍《だいちょうやく》を見た敵《てき》も味方も、義経《よしつね》の人間ばなれした動きに圧倒《あっとう》されてしまった。若武者《わかむしゃ》も、義経《よしつね》にはかなわないとあきらめるしかなかった。

このような義経《よしつね》の戦《たたか》いぶりやその兵《へい》たちのいさましさに、平氏軍《へいしぐん》は、しだいに士気《しき》をにぶらせ、味方の兵《へい》をへらしていった。海の上の船からは逃《に》げ道もなく、平氏《へいし》一門の人々は、源《げん》氏《じ》にいけどりにされないために、武士《ぶし》も女性《じょせい》や子どもも次々に海に飛《と》びこんで自殺《じさつ》してしまった。幼《おさな》い安徳天皇《あんとくてんのう》も、一族とともに壇ノ浦《だんのうら》の海にしずんだ。

権力《けんりょく》を独占《どくせん》し、富《と》み栄《さか》えた平氏《へいし》が、ついにほろびたのだった。

兄弟の亀裂《きれつ》

この勝利《しょうり》の知らせを、だれよりもうれしく聞いた頼朝《よりとも》だったが、よろこびは長くつづかなかった。気がかりなことができたのだ。まず、義経《よしつね》が英雄視《えいゆうし》されすぎているということがあっ

た。その戦《たたか》いぶりはまるで神話のように語り伝《つた》えられていた。それに対するねたみからか、

「義経《よしつね》どのには、戦《いくさ》の場で勝手な決定や横暴《おうぼう》なふるまいがあり、目にあまった。」

「手がらとなるような仕事をひとりじめにしてしまった。」

などと批判《ひはん》するものもいた。さらに、義経《よしつね》が朝廷《ちょうてい》と親しすぎることも、問題だった。頼朝《よりとも》が苦労《くろう》して作った組織《そしき》の決まりでは、頼朝《よりとも》が武士《ぶし》の代表として朝廷《ちょうてい》とやりとりをし、武士《ぶし》が個《こ》人《じん》で朝廷《ちょうてい》と関係《かんけい》することを禁《きん》じていた。ところが、長い戦《いくさ》の間、都にとどまることの多かった義経《よしつね》は、その決まりに反して朝廷《ちょうてい》と直接《ちょくせつ》かかわっていた。この重大な違反《いはん》を見逃《みのが》すわけにはいかない。

組織《そしき》をしっかりとまとめるためには、義経《よしつね》をきびしく処分《しょぶん》するべきだが、頼朝《よりとも》はためらっていた。父が「兄弟で助け合うこと」と言った声が耳によみがえった。自分が弟を罰《ばっ》したら、父は悲しむにちがいない。そんな頼朝《よりとも》の心中を見すかすように、義父《ぎふ》の時政《ときまさ》は、

「むこどの、おつらいでしょうが、弟ぎみをこのままにしておくわけにはいきませんぞ。」

と忠告《ちゅうこく》する。頼朝《よりとも》は、なやみ、考えこんでしまっていた。

そんなところへ、義経《よしつね》が、壇ノ浦《だんのうら》でいけどりにした清盛《きよもり》の親族の裁《さば》きのために、鎌倉《かまくら》へやってきた。鎌倉《かまくら》のすぐ手前の宿場《しゅくば》に到着《とうちゃく》した義経《よしつね》から、

「平氏《へいし》の残党《ざんとう》をつれて参上《さんじょう》しました。兄上に直接《ちょくせつ》引きわたし、ご報告《ほうこく》したい。」

と申し入れが来た。時政《ときまさ》はすぐに、

「弟ぎみが鎌倉《かまくら》へ入ることをゆるしてはいけません。お会いにならないほうがいい。会えば、兄弟の情《じょう》に負けて、処分《しょぶん》があまくなります。」

と言ったが、頼朝《よりとも》は反論《はんろん》した。

「義経《よしつね》は、私《わたし》にかわって、命をかけて平氏《へいし》と戦《たたか》ってくれた。会ってそのことをねぎらってやりたいのです。朝廷《ちょうてい》と義経《よしつね》の関係《かんけい》も、きっとなにか行きちがいがあるのでしょう。言い分を聞いて、まちがいはあらためさせます。私《わたし》たちは兄弟です。弟は私《わたし》が守ってやらなければならないし、私《わたし》にも義経《よしつね》の助けが必要《ひつよう》なのです。」

それを聞いた時政《ときまさ》は、いつもの気さくな表情《ひょうじょう》をあらためて、おもおもしく言った。

「むこどの、いや、頼朝《よりとも》どの。あなたはもう、義経《よしつね》どのの兄、わが家のむこどのというだけの存在《そんざい》ではありません。源氏《げんじ》一族の長にもとどまらない。家や氏《うじ》をこえて、この国の武士《ぶし》をたばねる立場なのです。」

頼朝《よりとも》は、時政《ときまさ》のことばの重みに、はっとした。

「戦《いくさ》にやぶれて親を亡《な》くし、あなた方兄弟はつらい子ども時代をすごした。もうそんな不幸《ふこう》な戦《いくさ》はたくさんだ。だからこそ、今、頼朝《よりとも》どのは武士《ぶし》を強く一つにまとめ、世の中を安定させようとしているはずです。そのために、今は情《じょう》を捨《す》てなければなりません。」

頼朝《よりとも》はぐっと口をひきむすんだ。自分の肩《かた》にかかっているこの国の将来《しょうらい》を、危険《きけん》にさらすわけにはいかない。時政《ときまさ》の言う通りだった。

今、義経《よしつね》は、馬で急げばすぐにでも会えるほど近くにいる。しかし、そのほんのわずかな弟との距離《きょり》を、もうどうしてもうめられないことが、頼朝《よりとも》は悲しかった。頼朝《よりとも》は、家来をよんでこう命令《めいれい》するしかなかった。

「義経《よしつね》の鎌倉入《かまくらい》りはゆるさぬ。宿場《しゅくば》にとどまらせるように。」

義経《よしつね》は、頼朝《よりとも》との面会がゆるされないことにおどろき、悲しんだ。何度も面会を申し入れたが、返事は変《か》わらなかった。自分と朝廷《ちょうてい》とのつきあいが原因《げんいん》で、兄にこばまれていることに気づき、自分が兄を信《しん》じるようには、兄は自分を信《しん》じてくれていないということに大きな衝撃《しょうげき》を受けた。数年にわたる戦《いくさ》を戦《たたか》いぬいた体で、はるか鎌倉《かまくら》まで旅してきた疲《つか》れが一気におそってきて、立ち上がれないほど気落ちしてしまった。

それでもあきらめきれない義経《よしつね》は、自分の気持ちを手紙にして、頼朝《よりとも》の側近《そっきん》にわたした。すがるような思いだった。

〈私《わたし》は、兄上の代理として、朝廷《ちょうてい》の命令《めいれい》で平氏《へいし》と戦《たたか》いました。その結果《けっか》、平氏《へいし》をたおすことができましたが、私《わたし》の忠誠心《ちゅうせいしん》をうたがわれて、このはたらきを兄上に評価《ひょうか》していただけないことが残念《ざんねん》です。お目にかかることもできないとは、悲しくてなりません。亡《な》くなった父上がどう思われるでしょう。私《わたし》が命をかけて平氏《へいし》と戦《たたか》ったのは、ほかでもない、兄上とともに、父上のかたきを討《う》つためです。野心などは、決してありませんでした。そのことをおわかり

くださって、どうかお怒《いか》りをといてください。〉

この手紙を読んだ頼朝《よりとも》の胸《むね》はますますいたんだが、決定をくつがえすことはできなかった。結局《けっきょく》、義経《よしつね》は、頼朝《よりとも》との面会をゆるされないまま、傷《きず》ついて都へもどることになった。

義経《よしつね》のこの傷心《しょうしん》につけこんだのが、朝廷《ちょうてい》である。頼朝《よりとも》が作っている武士《ぶし》の組織《そしき》の力をおそれていた朝廷《ちょうてい》は、義経《よしつね》に頼朝《よりとも》をたおすように命じた。

義経《よしつね》が朝廷《ちょうてい》の命令《めいれい》を受けたことを知った頼朝《よりとも》は、

「やはり、あのとき、義経《よしつね》と会って和解《わかい》するべきだったのではないか。」

と後悔《こうかい》したが、手おくれだった。こうなっては、義経《よしつね》と戦《たたか》うしかない。それまでほとんど鎌《かま》倉《くら》からはなれることがなかった頼朝《よりとも》が、久《ひさ》しぶりにみずから軍《ぐん》をひきいて西へ向かった。その行動は、頼朝《よりとも》のはげしい怒《いか》りとして受け取られ、義経側《よしつねがわ》の兵《へい》や、義経《よしつね》の背後《はいご》にいる朝廷《ちょうてい》を弱腰《よわごし》にした。義経《よしつね》自身も、兄との戦《たたか》いには、平氏《へいし》との戦《たたか》いのときのような気力がわかず、鎌《かま》倉《くら》の軍勢《ぐんぜい》におされるままに西日本に逃《に》げ、そのまま行方《ゆくえ》をくらましてしまった。

全国支配《ぜんこくしはい》の確立《かくりつ》

数年がすぎた。

頼朝《よりとも》は、鎌倉《かまくら》を拠点《きょてん》に着々と武士《ぶし》の組織《そしき》を拡大《かくだい》し、それにともなって、組織《そしき》をより機能的《きのうてき》にととのえていった。組織《そしき》の中心としてさまざまな決まりを作る「公文所《くもんじょ》」や、武士《ぶし》の仕事の指示《しじ》や取りしまりをおこなう「侍所《さむらいどころ》」、武士《ぶし》の間のもめごとに関《かん》する裁判《さいばん》をおこなう「問注所《もんちゅうじょ》」などの部署《ぶしょ》を設《もう》けた。それぞれの部署《ぶしょ》には、優秀《ゆうしゅう》な人材《じんざい》を責任者《せきにんしゃ》として配置《はいち》し、頼朝《よりとも》の指示《しじ》を忠実《ちゅうじつ》に実行させた。

頼朝《よりとも》の作ったこれらのしくみはうまく機能《きのう》して、武士《ぶし》の組織《そしき》は、かたく結束《けっそく》する強力なものになった。そして、頼朝《よりとも》は、この巨大《きょだい》な武士団《ぶしだん》の長として力強い存在感《そんざいかん》をはなち、都の朝廷《ちょうてい》とも対等にわたり合えるようになった。

その間も義経《よしつね》は逃《に》げつづけていた。※大和《やまと》の吉野山《よしのやま》、※加賀《かが》の関所《せきしょ》、比叡山《ひえいざん》の延暦寺《えんりゃくじ》、京《きょう》の鞍《くら》馬山《まやま》、あちらこちらにとつぜん姿《すがた》をあらわしては、鎌倉《かまくら》の軍勢《ぐんぜい》がかけつけてみると、けむりのように消えてしまう。その神がかったような身の軽さは、いかにも壇《だん》ノ浦《のうら》で船から船を飛《と》び移《うつ》り、敵味方《てきみかた》をあっと言わせた義経《よしつね》らしく、頼朝《よりとも》はひそかに苦笑《にがわら》いをした。

奥州《おうしゅう》の藤原氏《ふじわらし》は、義経《よしつね》が十代の少年だったころから、長い間、義経《よしつね》の援助《えんじょ》をしてきた一族である。義経《よしつね》にとっては親せきのような存在《そんざい》であり、藤原氏《ふじわらし》は、頼朝《よりとも》が義経《よしつね》の引きわたしを求めても、がんとして応《おう》じようとしなかった。

しかし、義経《よしつね》をとくにだいじにしていた一族の長が亡《な》くなると、そのあとつぎ争《あらそ》いでしだいに親族間の意見が食いちがうようになった。そして、ついにその中の一人が義経《よしつね》をうらぎり、暗殺《あんさつ》をくわだてた。身内同然《どうぜん》の藤原氏《ふじわらし》のもとで、無警戒《むけいかい》だったところを不意打《ふいう》ちされ、さすがの義経《よしつね》も戦《たたか》うことも逃《に》げることもできなかった。かくれ住んでいた質素《しっそ》な邸《やしき》で自害《じがい》に

※大和《やまと》　現在《げんざい》の奈良県《ならけん》。
※加賀《かが》　現在《げんざい》の石川県《いしかわけん》南部。

追いこまれ、源氏《げんじ》の英雄《えいゆう》は、あっけなくその人生をとじたのだった。

頼朝《よりとも》は、その報告《ほうこく》を受けると、すぐさま、

「今まで義経《よしつね》をかくまっていたことは重大な罪《つみ》である。藤原《ふじわら》を攻《せ》める。」

と決定をくだし、みずから大将《たいしょう》として大軍《たいぐん》をひきいて、奥州《おうしゅう》に向かった。そして、広い奥州《おうしゅう》を逃《に》げる藤原氏《ふじわらし》を徹底的《てっていてき》に攻《せ》め、あっという間にほろぼしてしまった。

頼朝《よりとも》が、朝廷《ちょうてい》から「征夷大将軍《せいいたいしょうぐん》」に任命《にんめい》されたのは、その三年後のことだった。征夷大将《せいいたいしょう》軍《ぐん》は、国の軍事《ぐんじ》と政治《せいじ》の長をかねた重大な役職《やくしょく》である。十二歳《さい》で伊豆《いず》に流罪《るざい》となり、父と兄の夢《ゆめ》をみては泣《な》いていた少年が、ついに一国の政治《せいじ》をつかさどる権力者《けんりょくしゃ》となったのだ。

そのために失《うしな》ったものは小さくなかった。頼朝《よりとも》は、はじめて会ったときに「兄上」と口にした義経《よしつね》の、子どものような表情《ひょうじょう》をわすれていなかった。その弟を死なせた胸《むね》のいたみは消えることがなかったが、もうまよいはなかった。

(父上の遺言《ゆいごん》をやぶり、義経《よしつね》を死なせてまで手に入れたものを、命にかえて守ってみせる。)

頼朝《よりとも》は、かたく決意していた。

頼朝《よりとも》が作った組織《そしき》は、鎌倉幕府《かまくらばくふ》とよばれる。頼朝《よりとも》は、この鎌倉幕府《かまくらばくふ》の初代将軍《しょだいしょうぐん》として、多くの武士《ぶし》をたばねたのである。

天才戦術家《てんさいせんじゅつか》 源義経《みなもとのよしつね》の軌跡《きせき》

「平氏《へいし》をたおせ！」以仁王《もちひとおう》のよびかけにこたえて、源氏《げんじ》をはじめ各地《かくち》の武士《ぶし》たちが立《た》ち上がった。そうしておこった源平《げんぺい》の戦《たたか》いで、おどろくべき活躍《かつやく》を見せたのが源義経《みなもとのよしつね》だ。だれも思いつかないみごとな作戦《さくせん》で平氏武士団《へいしぶしだん》のどぎもをぬいた義経《よしつね》は、その悲劇的《ひげきてき》な最期《さいご》もあいまって、現代《げんだい》にまでのこる「伝説《でんせつ》」となった。

※丸数字は、戦《たたか》いやできごとのおこった順番《じゅんばん》。

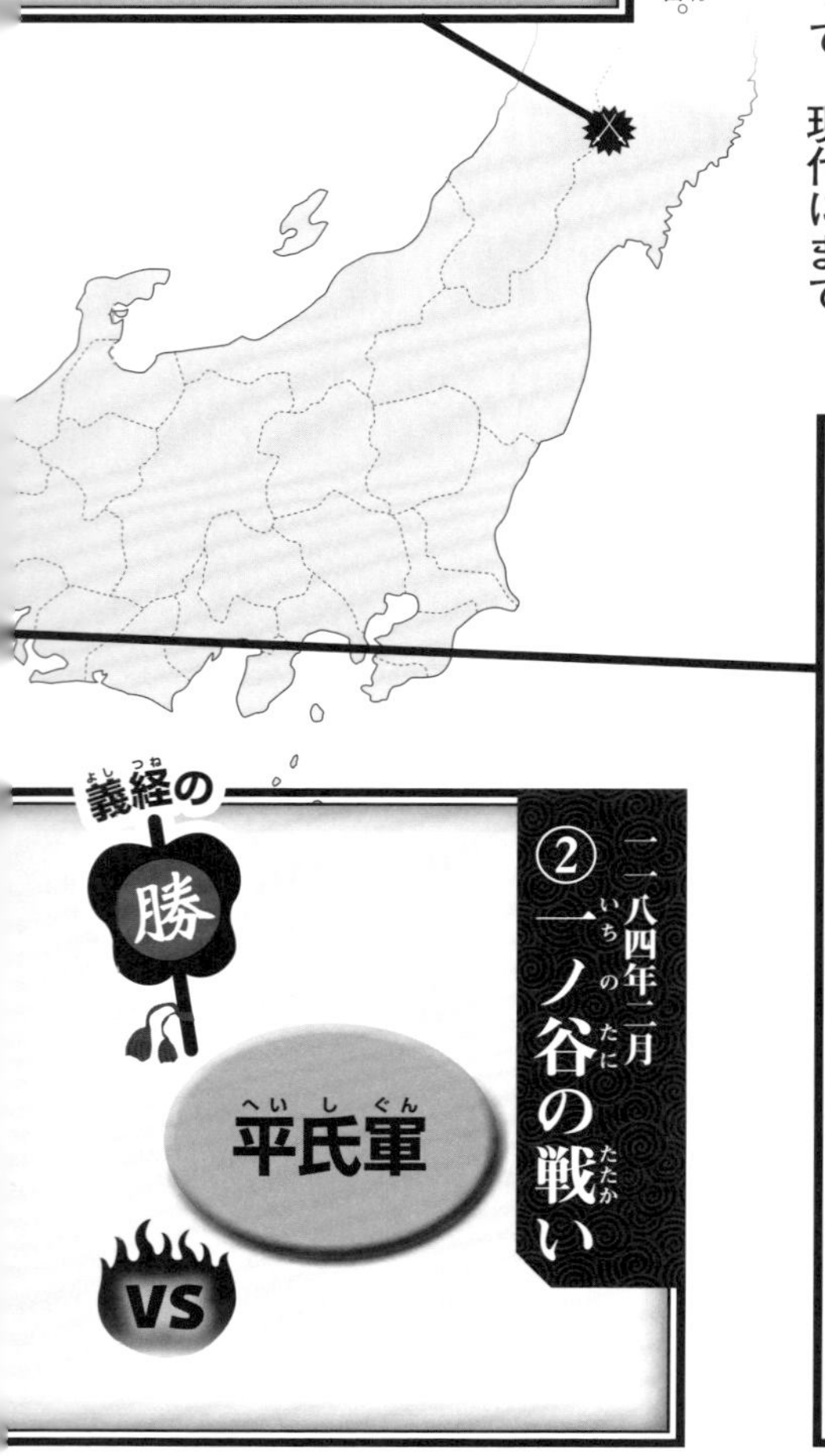

一一八四年一月 ①宇治川《うじがわ》の戦《たたか》い

義経《よしつね》の 勝

VS

源義仲《みなもとのよしなか》
(1154～1184年)

源頼朝《みなもとのよりとも》・義経《よしつね》兄弟と同じように兵《へい》をあげた源氏《げんじ》の武将《ぶしょう》、源《みなもとの》（木曽《きそ》）義仲《よしなか》は、平氏《へいし》をやぶってひとあし先に京《きょう》に入る。しかし、義仲《よしなか》軍《ぐん》は京《きょう》でらんぼうをはたらき、頼朝《よりとも》や朝廷《ちょうてい》と対立する。頼朝《よりとも》の命を受けた義経《よしつね》は、義仲軍《よしなかぐん》と戦《たたか》い、これを打ちやぶる。義仲《よしなか》は、逃《に》げる途《と》中《ちゅう》で戦死《せんし》した。

一一八四年二月 ②一ノ谷《いちのたに》の戦《たたか》い

義経《よしつね》の 勝

VS

平氏軍《へいしぐん》

一一八九年四月 ⑤衣川《ころもがわ》の戦《たたか》い

義経《よしつね》の 負

VS

藤原泰衡《ふじわらのやすひら》
(1155～1189年)

頼朝《よりとも》と対立して苦しい立場におちいった義経《よしつね》は、北へ逃《のが》れて奥州《おうしゅう》（東北地方《とうほくちほう》）の藤原秀衡《ふじわらのひでひら》にかくまわれる。しかし秀衡《ひでひら》の死後にあとをついだ子の泰衡《やすひら》は、頼朝《よりとも》の圧迫《あっぱく》にたえかね、義経《よしつね》の住む衣川館《ころもがわのたち》を襲撃《しゅうげき》。義経《よしつね》は自害《じがい》した。

なお、義経《よしつね》は死んでおらず、北海道《ほっかいどう》や大陸《たいりく》にわたったという伝説《でんせつ》も、根強く各地《かくち》にのこっている。

一一八五年二月 ③屋島《やしま》の戦《たたか》い

義経《よしつね》の勝

平氏軍《へいしぐん》 VS

一ノ谷《いちのたに》の戦《たたか》いでやぶれて逃《に》げた平氏軍《へいしぐん》をさらに追う義経《よしつね》。近辺《きんぺん》の水軍《すいぐん》を味方につけて、だれも予想しないスピードで四国《しこく》に上陸《じょうりく》すると、屋島《やしま》の平氏軍《へいしぐん》に奇襲《きしゅう》をかける。

この義経《よしつね》の攻撃《こうげき》の前に平《へい》氏軍《しぐん》はやぶれ、さらに西へと逃《に》げていった。

義仲《よしなか》にやぶれて京《きょう》から逃《に》げたあと、京《きょう》を取りもどそうと反撃《はんげき》の準《じゅん》備《び》を進める平氏軍《へいしぐん》。

義経《よしつね》は少ない兵《へい》をひきいて平氏《へいし》軍《ぐん》の背後《はいご》の急ながけにのぼると、馬でくだりおりて奇襲《きしゅう》をかけた。

ありえない場所から攻撃《こうげき》を受けた平氏《へいし》は混乱《こんらん》におちいり、瀬戸内海《せとないかい》の屋島《やしま》へ逃《に》げた。

一一八五年三月 ④壇ノ浦《だんのうら》の戦《たたか》い

義経《よしつね》の勝

平氏軍《へいしぐん》 VS

本州《ほんしゅう》の西端《せいたん》の壇ノ浦《だんのうら》でおこなわれた、源平最後《げんぺいさいご》の戦《たたか》い。追いつめられた平氏軍《へいしぐん》の必死《ひっし》の抵抗《ていこう》に源《げん》氏軍《じぐん》は苦しむが、義経《よしつね》は潮《しお》の流れの変化《へんか》を読んだたくみな戦術《せんじゅつ》で、源氏《げんじ》を勝利《しょうり》にみちびいた。

この戦《たたか》いで、平氏一門《へいしいちもん》のほとんどは死亡《しぼう》し、平《へい》氏《し》は滅亡《めつぼう》した。

今にのこる

戦《たたか》いの記《き》録《ろく》と記《き》憶《おく》

源《げん》平《ぺい》編《へん》②

源《げん》氏《じ》と平《へい》氏《し》の戦《たたか》いの歴《れき》史《し》について、理《り》解《かい》が深まる資《し》料《りょう》館《かん》や、ゆかりの場所を紹《しょう》介《かい》。実《じっ》際《さい》に見に行ってみよう。

鶴《つる》岡《がおか》八《はち》幡《まん》宮《ぐう》

もとは源《げん》氏《じ》の武《ぶ》将《しょう》源《みなもとの》頼《より》義《よし》が、材《ざい》木《もく》座《ざ》に八《はち》幡《まん》宮《ぐう》をまつったのがはじまり。源《みなもとの》頼《より》朝《とも》以《い》降《こう》も源《げん》氏《じ》の守《しゅ》護《ご》神《しん》として深く信《しん》仰《こう》され、現《げん》在《ざい》もたくさんの人がおとずれる。

本《ほん》殿《でん》は、江《え》戸《ど》時《じ》代《だい》に再《さい》建《けん》されたもの。

〒248-8588
神奈川県鎌倉市
雪ノ下2-1-31
電話：
0467-22-0315

蛭《ひる》ヶ《が》島《しま》公《こう》園《えん》

平《へい》治《じ》の乱《らん》にやぶれたあと、源《みなもとの》頼《より》朝《とも》が流された土地に整《せい》備《び》された公園。頼《より》朝《とも》は20年を蛭《ひる》ヶ《が》島《しま》ですごし、この地で北《ほう》条《じょう》政《まさ》子《こ》と結《けっ》婚《こん》した。

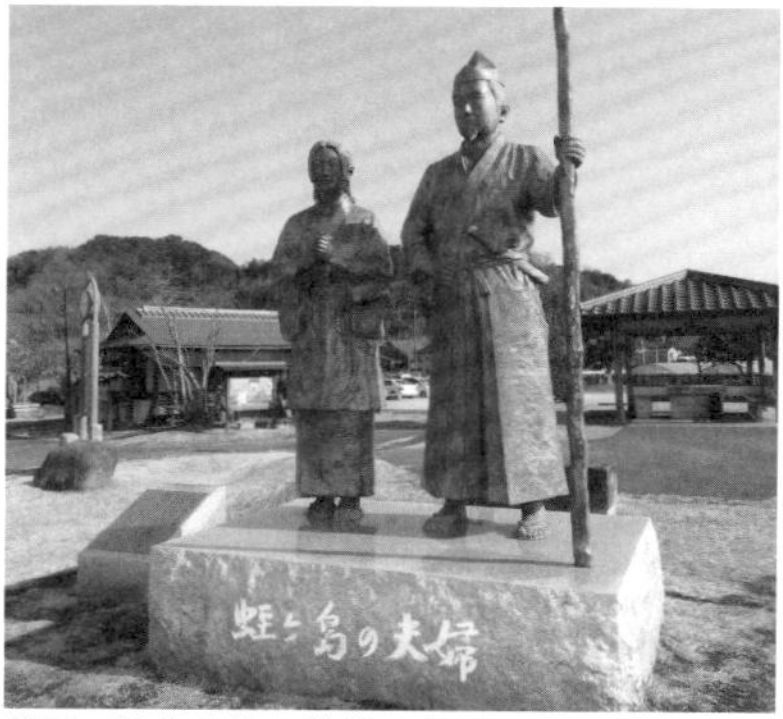

頼《より》朝《とも》・政《まさ》子《こ》夫《ふ》妻《さい》の銅《どう》像《ぞう》が建《た》っている。

〒410-2123 静岡県伊豆の国市四日町17-1
電話：055-948-2909（伊豆の国市都市計画課）

頼《より》朝《とも》・義《よし》経《つね》対《たい》面《めん》石《せき》

平《へい》氏《し》をたおそうと兵《へい》をあげた源《みなもとの》頼《より》朝《とも》と、かけつけた義《よし》経《つね》。兄弟がはじめて対面をはたしたとき、二人がこしかけたとされる石がのこっている。

一対の石にすわり、二人は向かい合った。

〒411-0906 静岡県駿東郡清水町八幡39
電話：055-972-4904（八幡神社）

高《たか》松《まつ》市《し》歴《れき》史《し》資《し》料《りょう》館《かん》

源平《げんぺい》の戦《たたか》いの中で、とくに屋島《やしま》の戦《たたか》いにちなむ資料《しりょう》を収集《しゅうしゅう》している資《し》料館《りょうかん》。常設展示室《じょうせつてんじしつ》には「源平合戦《げんぺいかっせん》と屋島《やしま》」のコーナーがあり、映像《えいぞう》や絵画を通してわかりやすく紹介《しょうかい》している。

資料館《しりょうかん》の外観《がいかん》。

〒760-0014 香川県高松市昭和町一丁目2番20号
電話：087-861-4520

満《まん》福《ぷく》寺《じ》

平氏《へいし》をたおしたあと、鎌倉入《かまくらい》りをゆるされなかった義経《よしつね》が滞在《たいざい》した寺。頼朝《よりとも》の怒《いか》りをとくために義経《よしつね》が書いた手紙の下書きがのこっている。

満福寺《まんぷくじ》の本堂《ほんどう》。

〒248-0033 神奈川県鎌倉市腰越2-4-8
電話：0467-31-3612

義《よし》経《つね》資《し》料《りょう》館《かん》

義経《よしつね》が源平《げんぺい》の戦《たたか》いを生きのびて、北海道《ほっかいどう》にわたったという伝説《でんせつ》にもとづく資料《しりょう》を展示《てんじ》。現地《げんち》の先住民《せんじゅうみん》に神としてうやまわれたという、義経《よしつね》の新たな一面が見られる。

周辺《しゅうへん》は、「義経公園《よしつねこうえん》」として親しまれている。

〒055-0107 北海道沙流郡平取町本町119-1
電話：01457-2-2432

貴《き》族《ぞく》たちの権《けん》力《りょく》争《あらそ》い

平安時代《へいあんじだい》、朝廷《ちょうてい》では藤原氏《ふじわらし》などの貴族《きぞく》が政権《せいけん》をにぎっていた。貴族文化《きぞくぶんか》が花ひらく都で、どんなことがおきていたのだろうか。

陰謀《いんぼう》うずまく宮廷《きゅうてい》

中臣鎌足《なかとみのかまたり》の死後、彼《かれ》の子孫《しそん》は、鎌足《かまたり》が死の直前にあたえられた「藤原《ふじわら》」の姓《せい》を名乗って朝廷《ちょうてい》の政治《せいじ》の中心にいつづけた。藤原氏《ふじわらし》は、陰謀《いんぼう》をめぐらせて名門貴族《めいもんきぞく》を追放するなど、あらゆる手段《しゅだん》で権力《けんりょく》の階段《かいだん》をのぼりつめていく。はなやかな宮廷《きゅうてい》の裏《うら》では、権力《けんりょく》をめぐるはげしい戦《たたか》いがくり広げられていたのである。

藤原氏《ふじわらし》の陰謀《いんぼう》で追放された菅原道真《すがわらのみちざね》は、無実《むじつ》の罪《つみ》が晴れるように天に祈《いの》ったという。

国立国会図書館蔵

藤原氏《ふじわらし》が権力《けんりょく》をにぎるまで

西暦《せいれき》	できごと
842年	伴健岑《とものこわみね》、橘逸勢《たちばなのはやなり》らが、天皇《てんのう》への反逆《はんぎゃく》をくわだてたとして追放される（承和《じょうわ》の変《へん》）。藤原良房《ふじわらのよしふさ》の陰謀《いんぼう》といわれる。
866年	平安京《へいあんきょう》にある門の一つ、応天門《おうてんもん》が炎上《えんじょう》した事件《じけん》の犯人《はんにん》として、伴善男《とものよしお》が処罰《しょばつ》される（応天門《おうてんもん》の変《へん》）。伴氏《ともし》が力を失《うしな》い、藤原氏《ふじわらし》の力がさらに強まる。
901年	菅原道真《すがわらのみちざね》が、藤原時平《ふじわらのときひら》との対立の末《すえ》に九州《きゅうしゅう》の大宰府《だざいふ》に追放される。
969年	藤原師尹《ふじわらのもろただ》が、陰謀《いんぼう》をくわだてているといううたがいで源高明《みなもとのたかあきら》を追放する（安和《あんな》の変《へん》）。

藤原氏《ふじわらし》の全盛時代《ぜんせいじだい》

ライバルの貴族《きぞく》を追いやった藤原氏《ふじわらし》は、さらに朝廷内《ちょうていない》の高い地位《ちい》を独占《どくせん》するため、天皇家《てんのうけ》とのむすびつきを強めていく。まず天皇《てんのう》に娘《むすめ》を嫁《とつ》がせ、生まれた子どもを次の天皇《てんのう》の座《ざ》につける。みずからは天皇《てんのう》をたすける職《しょく》である「摂政《せっしょう》」や「関白《かんぱく》」となって直接政治《ちょくせつせいじ》にかかわり、ますます強い権力《けんりょく》を持ったのだ。

中でも藤原道長《ふじわらのみちなが》は、四人の娘《むすめ》をそれぞれことなる天皇《てんのう》に嫁《とつ》がせ、藤原氏《ふじわらし》の全盛時代《ぜんせいじだい》を築《きず》いた。

この世《よ》をば　わが世《よ》とぞ思《おも》ふもち月《づき》の
かけたることも　なしと思《おも》へば

（この世はすべて自分のもののように思える。なにも欠《か》けていない満月《まんげつ》のように満足《まんぞく》だ。）

藤原道長《ふじわらのみちなが》がよんだ和歌。藤原氏《ふじわらし》の権力《けんりょく》の強さをうかがい知ることができる。

藤原氏《ふじわらし》と天皇家《てんのうけ》の関係《かんけい》

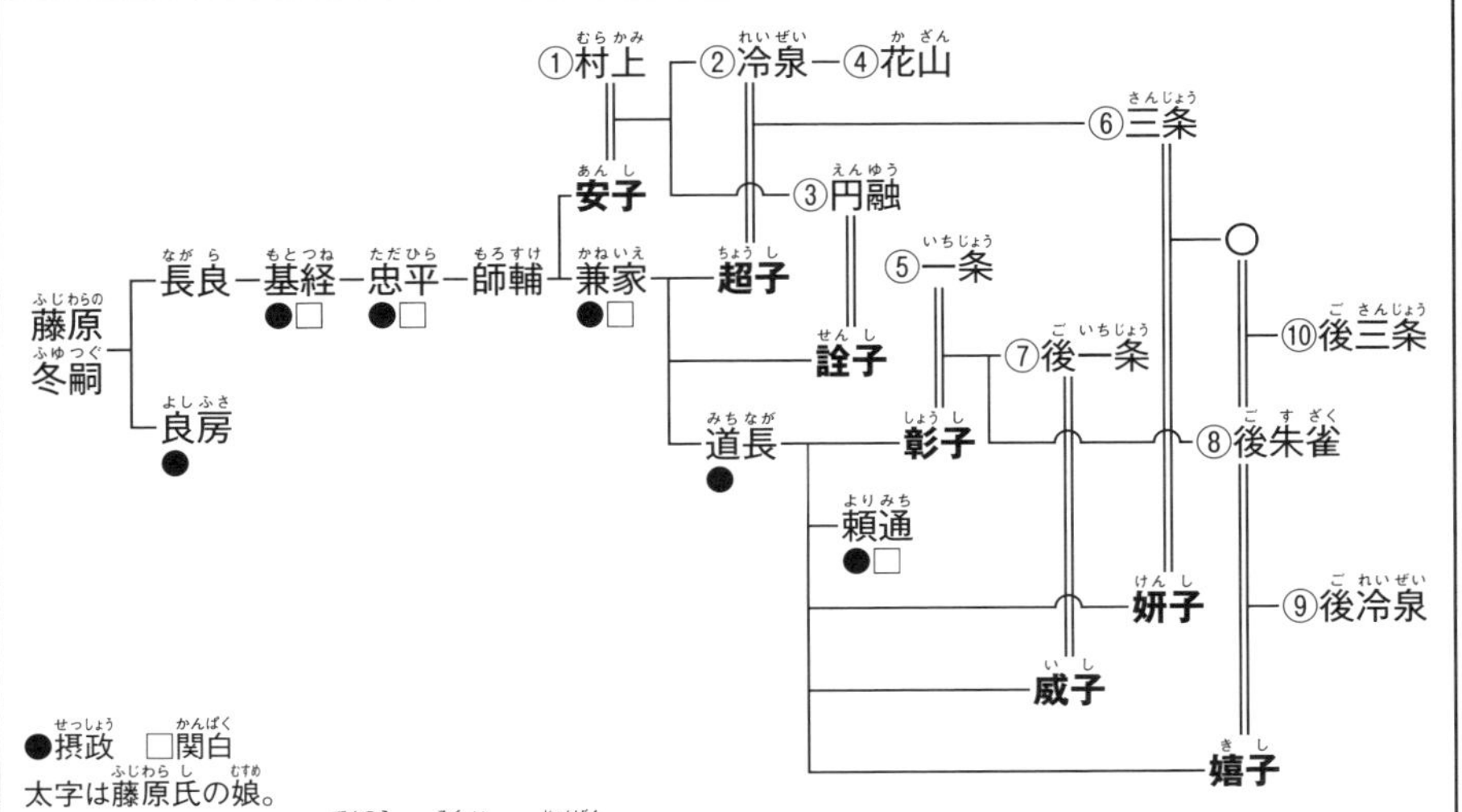

●摂政《せっしょう》　□関白《かんぱく》
太字は藤原氏《ふじわらし》の娘《むすめ》。
丸数字がついているのは天皇《てんのう》で、即位《そくい》した順番《じゅんばん》をさす。

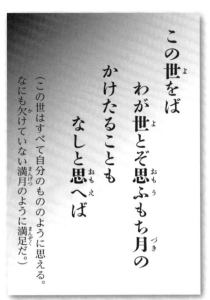

貴族《きぞく》から武士《ぶし》の世《よ》へ 年表

◉年表には、この巻《かん》でとりあげた時代のできごとをまとめています。
◉本編《ほんぺん》に出てくるできごとは太字でかかれています。

西暦《せいれき》	年号	おもなできごと
六三〇		・遣唐使《けんとうし》の派遣《はけん》がはじまる。
六四三		**・蘇我入鹿《そがのいるか》が、山背大兄皇子《やましろのおおえのおうじ》をおそって自害《じがい》に追いこむ。**
六四五	大化《たいか》元	**・中大兄皇子《なかのおおえのおうじ》（天智天皇《てんじてんのう》）と中臣《なかとみの》鎌足《かまたり》（藤原鎌足《ふじわらのかまたり》）が蘇我入鹿《そがのいるか》を暗殺《あんさつ》する。** **・中大兄皇子《なかのおおえのおうじ》らが天皇《てんのう》を中心とした国作りを進め、はじめて年号を定める（大化《たいか》の改新《かいしん》）。**
六六三		・白村江《はくすきのえ》の戦《たたか》いで、日本軍《にほんぐん》が唐《とう》・新羅《しらぎ》連合軍《れんごうぐん》にやぶれる。

西暦《せいれき》	年号	おもなできごと
九三九	天慶《てんぎょう》二	・藤原純友《ふじわらのすみとも》の乱《らん》（〜九四一年）がおこる。
11世紀《せいき》はじめ		・清少納言《せいしょうなごん》が『枕草子《まくらのそうし》』を書く。 ・紫式部《むらさきしきぶ》が『源氏物語《げんじものがたり》』を書く。
一〇一六	長和《ちょうわ》五	・藤原道長《ふじわらのみちなが》が摂政《せっしょう》となる（藤原氏《ふじわらし》の全盛《ぜんせい》）。
一〇二八	長元《ちょうげん》元	・平忠常《たいらのただつね》の乱《らん》（〜一〇三一年）がおこる。
一〇五一	永承《えいしょう》六	・前九年合戦《ぜんくねんかっせん》（〜一〇六二年）がおこる。
一〇八三	永保《えいほう》三	・後三年合戦《ごさんねんかっせん》（〜一〇八七年）がおこる。

六七二		・壬申《じんしん》の乱《らん》で、大海人皇子《おおあまのおうじ》（天武《てんむ》天皇《てんのう》）が大友皇子《おおとものおうじ》に勝利《しょうり》する。
七一〇	和銅《わどう》三	・都を平城京《へいじょうきょう》に移《うつ》す（奈良時代《ならじだい》のはじまり）。
七五二	天平勝宝《てんぴょうしょうほう》四	・聖武天皇《しょうむてんのう》の命令《めいれい》で作られた東大寺《とうだいじ》の大仏《だいぶつ》が完成《かんせい》する。
七五四	天平勝宝《てんぴょうしょうほう》六	・鑑真《がんじん》が唐《とう》から来日する。
七九四	延暦《えんりゃく》十三	・都を平安京《へいあんきょう》に移《うつ》す（平安時代《へいあんじだい》のはじまり）。
八六六	貞観《じょうがん》八	・藤原良房《ふじわらのよしふさ》が摂政《せっしょう》となる（摂関政治《せっかんせいじ》のはじまり）。
八九四	寛平《かんぴょう》六	・菅原道真《すがわらのみちざね》の提案《ていあん》で、遣唐使《けんとうし》が中止される。
九三五	承平《じょうへい》五	・平将門《たいらのまさかど》の乱《らん》（～九四〇年）がおこる。

一〇八六	応徳《おうとく》三	・白河上皇《しらかわじょうこう》が院政《いんせい》をはじめる。
一一五六	保元《ほうげん》元	**・保元《ほうげん》の乱《らん》で、平清盛《たいらのきよもり》、源義朝《みなもとのよしとも》ら後白河天皇方《ごしらかわてんのうがた》が勝利《しょうり》する。**
一一五九	平治《へいじ》元	**・平治《へいじ》の乱《らん》で、平清盛《たいらのきよもり》が源義朝《みなもとのよしとも》に勝利《しょうり》する。**
一一六七	仁安《にんあん》二	**・平清盛《たいらのきよもり》、朝廷最高職《ちょうていさいこうしょく》の太政大臣《だいじょうだいじん》となる。**
一一八〇	治承《じしょう》四	**・源平《げんぺい》の戦《たたか》い（～一一八五年）がおこる。**
一一八五	文治《ぶんじ》元	**・源義経《みなもとのよしつね》が壇ノ浦《だんのうら》の戦《たたか》いで平氏軍《へいしぐん》をやぶり、平氏《へいし》がほろびる。** ・源頼朝《みなもとのよりとも》、守護《しゅご》と地頭《じとう》を全国に設置《せっち》し、全国支配《ぜんこくしはい》をかためる。
一一八九	文治《ぶんじ》五	**・源義経《みなもとのよしつね》が奥州《おうしゅう》で討《う》たれる。**
一一九二	建久《けんきゅう》三	**・源頼朝《みなもとのよりとも》、征夷大将軍《せいいたいしょうぐん》となる。**

●監修者　矢部健太郎　やべ けんたろう
國學院大學大学院文学研究科日本史学専攻博士課程後期修了、博士（歴史学）。現在、國學院大學文学部史学科教授。専門は日本中世史および室町・戦国・安土桃山時代の政治史。おもな著書に、『豊臣政権の支配秩序と朝廷』『関ヶ原合戦と石田三成』（吉川弘文館）、『関白秀次の切腹』（KADOKAWA）などがある。

●執筆者　そらみつ企画　そらみつきかく
日本文学の分野を中心に、編集・執筆をおこなう。おもな仕事に『旺文社古語辞典』（旺文社）の編集、『妖怪マンガで楽しい古典』全5巻（学研プラス）の執筆などがある。

●イラスト　sonio

●協力者一覧

編集・制作	株式会社アルバ
デザイン・DTP	チャダル108、スタジオポルト
イラスト協力	株式会社サイドランチ
写真協力	奈良文化財研究所、広島県、伊豆の国市、平取町

戦いで読む日本の歴史　1
貴族から武士の世へ
2017年4月　初版発行

発行者　升川秀雄
発行所　株式会社教育画劇
住所　〒151-0051　東京都渋谷区千駄ヶ谷5-17-15
電話　03-3341-3400（営業）
03-3341-1458（編集）
http://www.kyouikugageki.co.jp
印刷　大日本印刷株式会社

NDC210・913/128P/22×16cm　ISBN978-4-7746-2101-2
（全5巻セット　ISBN978-4-7746-3069-4）